W0053626

Lusinia Anne Rose

Dualseelen und das neue Bewusstsein

Gott ist die Liebe, der Liebende und Geliebte.

Dualseelen
und das neue Bewusstsein

Lusinia Anne Rose

1. Auflage August 2011

Herausgeber:
Lusinia-Verlag, Bernhardswald
Tel.: 0 94 08 85 99 35
Fax: 0 94 08 85 98 15
www.lusinia.de
Mail: kontakt@lusinia.de

Lektorat:
Felicitas Sauer, Bamberg

Titelbild:
Marius Michael-George, www.mariusfineart.com, Mail: marius@imt.net

Fotos im Innenteil:
Bilder auf den Seiten 14, 28, 36, 46, 88, 94, 100: Barbara Novák, www.gauki.de
Bilder auf den Seiten 8, 42, 58, 64, 97, 98, 102 : Jutta Lorenz, www.juttalorenz.de

Druck:
Kartenhaus Kollektiv Grafische Dienste GmbH, Regensburg

ISBN 978-3-00-035254-6

Gedruckt auf Munken Pure, hergestellt ohne Zusatz von optischen Aufhellern (OBA)

Inhaltsverzeichnis

Vorwort

Liebe Leserinnen, liebe Leser,

als ich im Juni 2009 die Druckfreigabe für mein erstes Buch „Dualseelen und die Kostbarkeit ihrer Energie für das Jahr 2012" gab, dachte ich, dass es alle Botschaften zu diesem Thema waren, die mir die geistige Welt diktieren wollte. Doch ich wurde ganz schnell eines Besseren belehrt. Noch am selben Tag, als die Druckerei mit dem Buch begann, kam der nächste Text und ich dachte mir: „So was, der hätte doch sicher noch mit abgedruckt werden sollen!" Doch ich konnte da jetzt nichts mehr ändern und genau das sollte wohl so sein. Nach und nach kamen immer wieder weitere Texte hinzu und auch die klare Ansage, dass es so etwas wie Band II oder ein 2. Buch werden wird. Ich hatte gerade erst begonnen zu begreifen, dass mein erstes Buch tatsächlich produziert und gerne gelesen wurde. Jede einzelne Leserstimme schenkte mir viel Bestätigung und Mut – ich danke Ihnen allen von Herzen dafür. Zwischen den einzelnen Texten waren oftmals mehrere Wochen dazwischen. Ich lies es einfach „fließen" und schrieb, was geschrieben werden wollte. Es war für mich wieder eine Zeit mit vielen eigenen tiefen Lektionen und Veränderungen/Bewegungen, die das Leben von mir forderte.

Ich durfte immer deutlicher spüren, dass sich die „Energie" hier auf diesem Planeten verändert, ohne es wirklich klar benennen zu können. Es ist für mich oftmals schwer, das was ich wahrnehmen und spüren darf und an Lektionen von der geistigen Welt bekomme, mit unseren Worten zu beschreiben. Doch ich darf auch immer und immer wieder erfahren, dass die Botschaften, die ich übermitteln soll, dann doch recht klar diktiert werden, so dass ich sie auf diesem Weg an Sie weitergeben kann. In den vielen Gesprächen, die ich mit Leserinnen und Lesern und mit Menschen in meinem Umfeld führe, darf ich die Präsenz der geistigen Welt sehr deutlich spüren und fühle mich so oft als „Sprachrohr" und „Übersetzerin". Ich empfinde es als Gnade, diese Aufgabe erfüllen zu dürfen.

Die Energie des neuen Bewusstseins ist so sanft und liebevoll und trotzdem absolut klar. Viele Menschen empfinden die Zeit gerade als sehr turbulent, manchmal sogar chaotisch. Das gehört zu dem Prozess dazu, in dem wir uns alle gerade befinden. Die Turbulenzen bringen Reinigung – innerlich und äußerlich. Vielleicht haben Sie schon gemerkt, dass wir uns vor so manchen Themen nicht mehr drücken können und Klarheit und Ordnung brauchen? Wir müssen deutlich hinschauen und die nötigen Veränderungen geschehen lassen, damit unsere Seele die nächste Stufe erreichen kann.

Von Herzen wünsche ich Ihnen, dass die Texte Ihnen auf Ihrem Weg eine kostbare Begleitung sind und Sie immer leichter in Ihr Herz und Ihre Intuition gelangen um daraus Ihren Alltag als ein besonderes göttliches Geschenk mit Freude zu leben. Nach einigen Kapiteln sind heilbringende Texte, die Sie gerne als kleine Kurzmeditation nutzen können.

Nun wünsche ich Ihnen viele wertvolle Erkenntnisse und schöne Gedanken beim Lesen. Meine Liebe und mein Vertrauen in die Göttlichkeit in jedem Wesen begleiten Sie.

Lusinia

Kleine Einführung in das Thema Dualseelen und Seelenpartnerschaften

Wenn wir über Dualseelen und Seelenpartnerschaften sprechen, so ist es wichtig zu wissen, dass wir alle aus der gleichen „Seele", aus dem gleichen „ALL-EINS-SEIN" stammen und somit im Prinzip alle auf Seelenebene miteinander verbunden sind.

Als das „große ALL-EINS-SEIN", die „eine große Seele" entschieden hat, sich zu erfahren, begann sie sich zu teilen, in immer mehr und in immer kleinere Teile bis irgendwann die kleinstmöglichen „Teilchen" entstanden sind. Dadurch bildeten sich erst Seelengruppen und dann Seelenfamilien. (Ähnlich, wie es hier auf Erden unterschiedliche Nationalitäten und darin viele einzelne Familien gibt.) Und auch die Seelenfamilien teilten sich in einzelne und natürlich trotzdem immer miteinander verbundene Seelen.

So wie der Ozean viele Wellen hat, so ist zwar die Welle als solches eine Welle, doch sie ist trotzdem immer mit dem ganzen Ozean verbunden und somit auch mit den anderen Wellen. Natürlich könnte man diese Erklärung jetzt noch sehr lange ausdehnen, doch hier geht es nur darum, die grundlegenden Zusammenhänge zu kennen.

Die folgenden Bezeichnungen sollen helfen, dieses Thema leichter zu verstehen:

Seelengeschwister:
Als Seelengeschwister bezeichnet man die Seelen, die ihre erste Inkarnation gemeinsam gemacht haben. Sie werden sich auch in weiteren Leben immer mal wieder in unterschiedlichen Konstellationen begegnen und eine große Vertrautheit empfinden.

Karmische Seelenpartnerschaften:
Das sind Partnerschaften, in denen die Seelen in diesem Leben zusammen sind, um unerledigte Themen aus früheren Leben zu lösen. Sobald das geschehen ist, gibt es für die Seelen keinen spirituellen Grund mehr dieses Leben weiterhin gemeinsam zu erleben.

Projektbezogene Seelenpartnerschaften:
Das sind die Seelen, die sich für ein spezielles Projekt hier auf Erden wieder finden und auch sehr deutlich spüren, dass sie zusammen etwas bewegen möchten. Sobald das Projekt beendet ist, gehen diese Seelen oftmals wieder ihre eigenen Wege und werden trotzdem immer eine große Verbundenheit spüren.

Dualseele:
Das ist eine Seele, die in zwei Körper inkarniert ist.
(Näheres dazu in diesem Buch.)

Vorwort von Lady Nada und Sananda

Geliebtes Wesen auf Erden,

wir danken Dir von Herzen, dass Du bereit bist, den nächsten Schritt in das neue Bewusstsein zu gehen und zu unseren Texten gefunden hast.

In unseren Inkarnationen auf Erden konnten wir sehr viele Erfahrungen sammeln, die uns ein tiefes Verständnis für Deine derzeitige Entwicklungsstufe geschenkt haben. Wir sind in tiefer und bedingungsloser Liebe mit Dir verbunden. Unser Anliegen ist es, Dich sowie all die Seelen, die bereit sind, ihren Weg in die Veränderungen des neuen Bewusstseins zu gehen, zu begleiten, zu unterrichten und Euch liebevoll zur Seite zu stehen.

Mit diesem Buch haben wir die Möglichkeit, Dir neben unseren Unterweisungen auch unsere Energie zu übermitteln. Beides möge Dir helfen, Dein Herz zu öffnen und für das neue Bewusstsein offen zu halten.

Du bist so wichtig und gebraucht in dieser Zeit der Veränderung, geliebtes Wesen auf Erden. Deine reine bedingungslose Liebe ist der Nährboden für die Weiterentwicklung der Menschen, und Du trägst so viel Reife und Weisheit in Dir. Wir möchten Dir helfen, dies in Dir wahrzunehmen und zum Wohle aller zu leben. Darum schätzen wir es so sehr, dass Du auf diesem Weg mit uns in Kontakt kommst. Vielleicht sind wir schon alte Freunde; vielleicht ist es jetzt der Beginn einer wunderbaren Freundschaft. Wie auch immer – wende Dich an uns und wir sind gerne für Dich da. Sprich mit uns wie zu einem guten Freund und Du wirst die Klarheit und Wahrheit unserer Antworten in Deinem Herzen deutlich spüren.

Die neue Zeit, das neue Bewusstsein braucht Menschen, die ihr Licht hell strahlen lassen können, weil sie mit sich selbst im Reinen sind und weil sie die Wahrhaftigkeit der alles verbindenden bedingungslosen Liebe erkannt haben und in ihren Herzen tragen und daraus leben. Du bist so ein Mensch, denn sonst würdest Du dieses Buch nicht in Händen halten.

Das neue Bewusstsein bringt eine wundervolle intensive Energie der Liebe, des Friedens und der Harmonie und Freude auf diesen Planeten. Die Menschen müssen erst lernen damit klar zu kommen. Dies gelingt umso leichter, je mehr Menschen wie Du als Vorreiter diese Energie in sich und aus sich heraus leben können, damit sie für ihre Mitmenschen wie Leuchttürme Orientierung bringen und auch Haltepunkte sind.

Mit Hilfe der tiefen Liebe, die Du für Deine Dualseele empfindest, gelingt es Dir, Dich in diese neue Energie einzubinden und daraus zu leben. Damit leistest Du einen wichtigen Beitrag für die Weiterentwicklung hin zum neuen Bewusstsein. Das Chaos und die Turbulenzen, die Dir die Begegnung mit Deiner Dualseele möglicherweise beschert hat, waren und sind ganz wichtige Lernschritte, die es zu meistern gilt. Wir wünschen Dir, dass es Dir gelingt, diese chaotischen und turbulenten Energien in Liebe, Frieden und Klarheit zu transformieren, denn das ist es, was Du und Deine Dualseele sowie die Menschheit als Ganzes gerade brauchen. Es besteht ein tiefer Zusammenhang zwischen den turbulenten Energien in der Welt und dem, was Du mit der Begegnung Deiner Dualseele erleben darfst. Es wird Dir mit Deiner Liebe und der Weisheit in Deinem Herzen gelingen, Deine Turbulenzen zu nutzen um eventuell notwendige Veränderungen und Heilung geschehen zu lassen. Denn genau das ist aktuell Dein kostbarer Beitrag zum Frieden, zur Heilung und zur Weiterentwicklung der Menschheit.

Darüber hinaus soll Dir die Liebe und Verbundenheit zu Deiner Dualseele helfen, Dich über die selbst auferlegten Grenzen hinaus zu entwickeln, hin zu Deiner göttlichen Natur und dadurch die göttliche Verbundenheit der Liebe zu allen Wesen zu erkennen und immer mehr zu leben. Die Liebe zu Deiner Dualseele soll Dich auch trainieren, aus der Verurteilung heraus zu kommen und in Dir ein tiefes Gemeinsamkeitsgefühl für alle Wesen zu wecken und zu leben.

Wir wünschen Dir mit den Texten in diesem Buch wertvolle Erkenntnisse, klare Entscheidungen für Deine innere göttliche Natur und Größe sowie die tiefste Wertschätzung für das Geschenk der Dualseelen-Liebe. Möge diese tiefe Liebe fließen, damit Dein Licht hell scheinen kann und diesen Planeten mit erleuchtet, denn

Licht ist der Tanz der göttlichen Schöpfung in seiner Vollendung.

Wir begleiten Dich mit all unserer Liebe auf Deinem Weg und wünschen Dir, dass Du uns immer deutlicher wahrnehmen kannst.

In Liebe,

Lady Nada und Sananda

Dankbarkeit für die gegensätzlichen Erfahrungen

Es ist eine wichtige Erkenntnis, sich darüber im Klaren zu sein, dass Dualseelen, die beide inkarniert sind, einfach doppelt so viele Möglichkeiten für ihre Seelenentwicklung haben, weil sie ja mit ihren beiden Körpern und meistens ganz unterschiedlichen Lebenssituationen auch ganz gegensätzliche Erfahrungen in ihrem Leben machen. Das bedeutet, dass die gemeinsame Seele dadurch eine enorme Entwicklung erleben darf. Sei Dir darüber bewusst, dass alles, was Dein Dualseelenpartner erlebt, auch Dich prägt, weil Du ja von seinen Erfahrungen und Erkenntnissen genauso profitierst. Das geschieht zwar oftmals „nur" auf der unbewussten Ebene, doch erstaunlich ist, dass Du die gleichen Lernprozesse meistens nicht nochmals erleben musst, außer sie sind für Dich noch irgendwie in einer anderen Facette wichtig. Noch nicht vereinte Dualseelen leben meist sehr unterschiedlich – obwohl sie die gleiche Ausrichtung haben. Das kann z. B. sein, dass der Eine extrem viel arbeitet und der Andere lieber seine Freizeit genießt. Vielleicht führt der Eine eine unerfüllte, einengende Partnerschaft und der Andere ist sehr glücklich in seiner Partnerschaft und fühlt sich darin auch sehr frei, oder er lebt sein Leben gerne als Single. Oder, dass der Eine eher sexsüchtig ist und für den Anderen das Thema Sexualität eine gewisse Heiligkeit hat und aus der tiefen Liebe heraus gelebt wird. Es kann auch sein, dass beide in ganz unterschiedlichen Kulturen leben.

Darum verurteile nichts, was Deine Dualseele macht, denn Du profitierst von ihren Erfahrungen!

Sei Dir bewusst, dass Du das, was Du vielleicht als völlig unverständliches Verhalten Deines Dualseelenpartners empfindest, ein Liebesdienst für Eure gemeinsame Entwicklung ist. Sei ihm aus tiefstem Herzen dankbar, dass er sich in diesem Leben dafür entschieden hat, diese Prozesse zu durchlaufen und verurteile und bewerte es nicht. Sei einfach dankbar dafür! Die Zeit ist reif, genau das zu erkennen, damit Du noch leichter in Deiner eigenen Seelenliebe bleiben kannst und Dir darüber bewusst bist, welche Entwicklung bei Euch beiden passiert.

Mit dem Wissen, dass Du hier gerade erfahren hast, sollte es Dir gelingen, das Leben und Verhalten Deiner Dualseele dankbar einzuordnen. Wichtig ist auch, dass Du nach wie vor gut für Dich selbst sorgst. Du brauchst auch kein schlechtes Gewissen zu haben, wenn es Dir in Deinem Leben sehr gut geht und Du miterleben musst, wie schwer es Dein Dualseelenpartner hat. Nimm auch hier dankbar an, dass es so ist und sei Dir ganz sicher, dass es genau so sein darf und richtig ist. Denn wenn es Dir sehr gut geht, so trägst Du mit diesen Erkenntnissen und Erfahrungen genauso zu Eurem gemeinsamen Seelenwachstum bei. Fühle Dich eines glücklichen, gesunden und erfüllten Lebens absolut wert!

Wenn Du Dir im nächsten Schritt auch noch darüber bewusst wirst, dass wir alle eine gemeinsame Seele sind, so bedeutet das doch auch, dass Du das Verhalten anderer Menschen nicht verurteilen solltest, weil es ja auch Lernprozesse sind, die oftmals andere Menschen aus Liebe für alle übernehmen. Meist allerdings sehr unbewusst. Doch Du öffnest Dich immer mehr diesem Bewusstsein und folglich dürfen sich für Dich manche Lernprozesse auch auf der kollektiven Ebene lösen. Natürlich hast Du Dir für dieses Leben auch vorgenommen, Deinen Beitrag zur gemeinsamen Bewusstseinserweiterung zu leisten und darum sind Deine eigenen Erfahrungen und Erkenntnisse für Dich absolut wertvoll und immer ein Geschenk Gottes. Erkennst Du wie wichtig es ist, nichts mehr zu verurteilen, sondern in das tiefe heilende Gefühl der Dankbarkeit zu kommen?

Es ist eine Zeit der Heilung und der Transformation, die Ihr geliebten Wesen auf der Erde durchlaufen dürft. Seid gesegnet in Liebe und segnet Euch selbst mit all Eurem Tun und all Euren Gedanken und Worten.

Verzeihen

Vielleicht fragst Du Dich, wie das mit der Vorbestimmung und dem freien Willen ist. Hierzu ist es wichtig zu wissen, dass es zum einen keine Zeit gibt, was bedeutet, dass es keine Vergangenheit und keine Zukunft gibt, sondern alles, wirklich alles „zeitgleich" abläuft. Alle früheren und künftigen Leben existieren jetzt. Das ist vom Verstand her fast nicht nachzuvollziehen, weil Ihr hier ja nur das sehen und wahrnehmen wollt, was mit diesem Leben zu tun hat. Und das ist auch gut so, um dieses „Spiel des Lebens" auch ein Stück weit ernst zu nehmen.

Doch alles ist in den unterschiedlichsten Varianten vorbestimmt. Du hast jedoch immer die freie Wahl, welche Variante Du wählen möchtest. Ob Du glücklich bist oder nicht, gesund oder krank, arm oder reich. ... Und alles ist okay, sofern Du es schaffst, wertfrei zu sein. Deine Seele will sich erfahren, und wenn sie erfahren möchte, wie es sich anfühlt, krank und arm und unglücklich zu sein, dann ist diese Erfahrung für die Seele wichtig und kostbar.

In diesem Leben hast Du auch Deinen freien Willen zu entscheiden, welche der vorbestimmten Variationen Du wählen möchtest. Nur meistens ist Dir das nicht in aller Tiefe klar und bewusst. Und vermutlich weißt Du auch nicht, wie Du das für Dich Richtige wählen sollst. Doch gerade das macht auch den Reiz an diesem Spiel für Dich aus. Sei Dir trotzdem bewusst, dass Du es bist, der mit seinen Gedankenkräften, seinen Worten und seinen Taten die jeweilige Realität erschafft, und zwar ununterbrochen! Das mögen vielleicht harte Worte für Dich sein, doch die Wahrheit dahinter bleibt trotzdem die Wahrheit.

Wir möchten Dir gerne eine Hilfestellung geben, wie Du es künftig leichter haben kannst: Überlege Dir, was Dir in diesem Leben wirklich von HERZEN wichtig ist. Nimm Dir dafür Zeit in der Natur und spüre in Dein Herz. Was ist es, was Du wirklich hier erleben möchtest, welche Begegnungen Du haben möchtest, nach welchen Werten Du leben möchtest und was Du hier für einen Beitrag leisten möchtest. Schreibe es Dir auf und bitte die geistige Welt um Unterstützung und klare Zeichen und Du wirst sie bekommen. Frage Dich selbst immer und immer wieder: „Was kann und will ich dafür tun?" Und dann tue genau das, was da als Antwort kommt. Tue es täglich aus Liebe und Freude und Dankbarkeit und mache Dir Deine Fortschritte bewusst und feiere sie. Ja, feiere dieses Leben, denn auch dafür hast Du es bekommen. Jeder ganz normale Tag ist ein göttliches Geschenk, das es zu feiern gilt. Damit meinen wir nicht die Mega-Party sondern das Gefühl des Feierns und des dankbaren Bewusstseins. Erkennst Du die Macht in Dir, die Du mit Deinem freien Willen hast?

Stell Dir ein Kind vor, das vor seinem Computer sitzt und ein Spiel spielt. Innerhalb dieses Spiels hat das Kind sehr viele Variationen und es wählt – bewusst oder unbewusst – und entscheidet sich immer für den nächsten Schritt. Doch innerhalb des Spiels gibt es einen gewissen Rahmen, denn das Spiel hat irgendwann seine Grenzen der Möglichkeiten. Ganz ähnlich ist es in Deinem Leben. Du hast unzählige Varianten, die Du leben kannst. Mit der Kraft Deiner Gedanken und den Bildern, die Du Dir vorstellst und mit Deinen Gefühlen hast Du eine unglaubliche Macht in Dir. Darum wähle bewusst und betreibe „Gedankenhygiene". Frage Dich immer mal wieder, ob Du das, was Du gerade denkst, auch wirklich erleben möchtest! Wenn ja, wunderbar – dann denke gerne weiter in die Richtung. Wenn nein, höre SOFORT auf damit und richte Deine Gedanken auf das aus, was tatsächlich in Deinem Leben stattfinden soll. Wie wäre es mit Gesundheit, Liebe, Freude, Wohlstand?

Kommen wir nochmals zurück zu dem Kind mit seinem Computerspiel. Hast Du schon mal erlebt, dass ein Kind, weil es das Spiel verloren hat, sehr ärgerlich wurde, sich selbst verurteilte und aus lauter Frust kein neues Spiel mehr machen wollte? Genauso wird es Kinder geben, die nach einem verlorenen Spiel erst recht hochmotiviert sind und gerne sehr konzentriert weiterspielen um zu gewinnen. Geht es Dir in Deinem Leben nicht auch manchmal ganz genauso? Und das ist völlig okay, denn Du hast ja Deinen freien Willen – innerhalb des göttlichen Plans.

Doch vielleicht fragst Du Dich, warum es manchmal so unterschiedlich ist, wie Du auf das Leben reagierst. Das Kind, das nach einem verlorenen Spiel hochmotiviert in die nächste Runde geht um zu gewinnen, verurteilt sich nicht für das verlorene Spiel. Es hat sich augenblicklich verziehen, dass es verloren hat und nimmt sich trotzdem als wertvollen Menschen an.

Liebes Erdenkind – wie oft verurteilst Du Dich im Laufe eines Tages für Dinge, die Du nicht so ideal gemacht hast? Wo Du ein unangebrachtes Wort gesprochen hast, vielleicht auch noch im falschen Ton, wo Dir etwas nicht so gut gelungen ist, wie Du es von Dir erwartet hast usw. Wie fühlt sich diese Energie an? Doch meistens schwer – nicht wahr? Darum sei bemüht, ganz bewusst bei Dir in Deiner Herzensenergie zu bleiben, egal, was gerade nicht ideal gelaufen ist. Und verzeihe Dir einfach dafür. Segne das, was war, denn es ist vorbei! Und dann starte aus Deiner Herzensenergie heraus in das nächste Spiel, in die nächste Aktivität.

Je besser es Dir gelingt, Dir selbst für Dein Tun und auch Dein Nichttun zu verzeihen, umso leichter und ehrlicher kannst Du es auch bei Deinen Mitmenschen. Aus einem offenen Herzen verzeihen zu können ist eine Gnade. Du trägst sie in Dir – lass sie leben.

Nun spüre ganz ehrlich hin, ob Du Deiner Dualseele etwas vorwirfst oder sie für etwas verurteilst. Wenn dem so ist, dann gehe in Dein Herz und sprich aus Deinem liebenden Herzen die Dinge an, die Dich beschäftigen und verzeihe. Verzeihe Dir für Deine Verurteilung, verzeihe Deiner Dualseele ihr Verhalten und bitte Deine Dualseele, Dir zu verzeihen, dass Du sie verurteilt hast. Gib der Liebe Raum indem Du ehrlich verzeihst. Du brauchst das nicht unbedingt laut auszusprechen; es genügt, wenn Du mit Dir im Reinen bist. Ein kleines Verzeih-Ritual wird Dir gut tun: „Ich verzeihe mir für meine Verurteilung, und ich verzeihe Dir, und ich bitte Dich um Verzeihung." Wenn Du möchtest, dann lege symbolisch einen Gegenstand ab, der das Ritual besiegelt. Das kann eine Blume sein, die Du der Natur schenkst, ein Stein sein, den Du an einen schönen Platz legst oder einfach ein Räucherstäbchen, das Du bewusst dafür anzündest. Entscheidend dabei ist die Aufrichtigkeit in Deinem Herzen und die Klarheit Deines bewussten Verzeihens. Und dann lass es auch gut sein und lass los. Gefühlte Freiheit und Leichtigkeit werden Dein Lohn sein.

Diese Übung ist nicht nur für Dich und Deine Dualseele wertvoll, sondern für alle Menschen, denen Du innerlich etwas vorwirfst, das Du nicht ändern kannst. Vielleicht hilft Dir das folgende Gebet:

„Gott bitte gib mir die Gelassenheit, Dinge hinzunehmen, die ich nicht ändern kann; gib mir den Mut, Dinge zu ändern, die ich ändern kann und die Weisheit, das eine vom anderen zu unterscheiden" (Reinhold Niebuhr)

Wenn Du verzeihst passiert etwas sehr Wertvolles: Das, wofür Du einen anderen Menschen verurteilt hast, ist ja auch eine Energie. Also die Verurteilung in Dir ist eine Energie. Wenn Du es nun schaffst zu verzeihen, zu vergeben, lässt Du ja diese Energie der Verurteilung frei! Diese Energie, die Du lange Zeit in Dir festgehalten hattest, gibst Du jetzt frei. Das bedeutet, dass die Energie sich transformieren kann und Du hast durch diese Freigabe Raum für Neues geschaffen. Erkennst Du die heilbringende Wirkung und die Wichtigkeit des Verzeihens?

Und dann überlege Dir, welche Energie Du in den frei gewordenen Raum in Dir einlädst. Sind es Energien der Liebe, Freude, Gesundheit, das Gefühl des Vertrauens und der Verbundenheit mit allem was ist?

Mache gerne ein kleines Ritual daraus:
Nimm Dir etwas Zeit und setze Dich an einen schönen Platz, wo Du Dich wohl fühlst, atme bewusst ein paar Mal tief ein und aus um ganz bei Dir zu sein. Mit dem tiefen Ein- und Ausatmen nimmst Du auch Deine Intuition, Deine Spiritualität, Deine Göttlichkeit noch bewusster in Dir und in jeder Zelle Deines Körpers wahr. Und dann lade bewusst ein, was Du gerne bei Dir haben möchtest: Zum Beispiel:

„Ich lade die Liebe ein, in mir, in meinem Herzen und in meinem Leben zu sein. Möge die Liebe all mein Denken und Tun leiten. Danke!"

Atme dabei bewusst tief ein und aus und spüre das Gefühl der Liebe in Dir. Stell Dir vor, dass sich dieses Gefühl der Liebe, der reinen bedingungslosen und wertfreien Liebe in jeder Deiner Zellen und Deinem ganzen Sein manifestiert.

Dann lade die nächste Energie zu Dir ein:

„Ich lade die Freude ein, in mir, in meinem Herzen und in meinem Leben zu sein. Möge die Freude all mein Denken und Tun leiten. Danke!"

„Ich lade die Klarheit ein, in mir, in meinem Herzen und in meinem Leben zu sein. Möge die Klarheit all mein Denken und Tun leiten. Danke!"

„Ich lade die Gesundheit ein, in mir, in meinem Herzen und in meinem Leben zu sein. Möge die Gesundheit all mein Denken und Tun leiten. Danke!"

Stell Dir vor, dass Du all das einlädst, was Dich in diesem Leben wohlwollend und schützend und führend begleiten soll. Und dann bedanke Dich für die geistige Unterstützung und bedanke Dich bei Dir selbst, dass Du all diese Energien zu Dir eingeladen und manifestiert hast.

Sei dankbar für Deinen Mut und Deine Bewusstseinsentwicklung und den Segen, der Dir zuteil wurde.

Geliebtes Sein,

erfülle Dein Herz mit Deiner Liebe.
Es ist die Verbindung zum ALL-EINS-SEIN.

Die bewusste Verbundenheit in Dir nährt Dich
mit Deiner spirituellen Weisheit, die direkt aus
der göttlichen Quelle, Deinem wahren Sein
kommt.

Spüre die reine bedingungslose Liebe in
Deinem Herzen und in den Herzen jeder
Deiner Zellen.

Lass sie erstrahlen und ausdehnen und sich
verbinden mit all der reinen bedingungslosen
Liebe in diesem Universum.

So lebst Du Deine Göttlichkeit.

All Dein Denken und Tun aus dieser Energie
heraus ist heilig und bringt Heil.

Deine Liebe in Dir

Wachstumsschmerzen

Das Leben und alles Sein ist ein ständiger Entwicklungsprozess. Mit jedem Gedanken erschaffst Du Neues in Deinem Leben. Alles ist Bewegung und Entstehung und Veränderung. Alles schwingt und dreht sich in einer individuellen Geschwindigkeit und Formation, so dass unterschiedliche Wahrnehmungen und Formen in unterschiedlicher Dichte entstehen. Alles ist in seinem Sein.

Diese unterschiedlichen Schwingungen dürfen sich durch Dein eigenes Wachstum bei Dir verändern. Je mehr Du mit Dir selbst im Reinen bist, umso „lichter" wirst Du und umso mehr Deiner, meist noch unentdeckten, Fähigkeiten zeigen sich. So kann es gut sein, dass Du immer hellsichtiger, hellfühlender wirst und einfach eine sehr klare Intuition hast. Diese Anhebung Deiner eigenen Schwingung geht an Deinem Körper nicht einfach so vorbei, denn auch Dein Körper darf sich Deiner Seelenschwingung, Deiner neuen Seelenreife anpassen. Dadurch können oftmals körperliche Beschwerden entstehen. Das ist nicht zwangsläufig bei jedem Menschen so, weil sich jeder Mensch ja auch in unterschiedlicher Geschwindigkeit entwickelt. Wir beobachten, dass einige unter Euch ein unglaubliches Tempo in ihrer Entwicklung haben und das verursacht regelrechte Wachstumsschmerzen. Bei Kindern kann man das auch gut miterleben, wenn ihre kleinen Körper manchmal einen richtigen Wachstumsschub machen. Dabei tun den Kindern oftmals alle Knochen und Muskeln weh.

Bei Eurem spirituellen Wachstum ist es ganz ähnlich; zwar verändert sich der Körper nicht mehr von der Größe jedoch von der Schwingung. Und das verursacht Wachstumsschmerzen, die sich ganz unterschiedlich auswirken können, z. B. mit Kopfschmerzen, Knochenschmerzen, Schmerzen im Brustraum, oft auch grippeähnliche Symptome etc.

Was es für Euch schwierig macht ist, dass Ihr den Zusammenhang zwischen den Schmerzen und der geistigen Entwicklung meist nicht erkennen könnt. Darum geben wir diese Botschaft auch auf diesem Weg an Euch weiter, damit es für Eure Seelenentwicklung leichter wird.

Schwierig für Euch ist dabei auch, dass Ihr Euch auf einen Prozess einlassen müsst, den Euer Verstand noch nicht begreifen kann und Ihr dafür grenzenloses Vertrauen braucht. Der Schmerz soll Euch meist zur Ruhe auffordern, damit der Prozess geschehen darf. Wir wünschen Euch, dass Ihr Euch diesem Wachstumsprozess voll Vertrauen hingebt. Es ist das Vertrauen in die Göttlichkeit in Euch, das es jetzt zu leben gilt. Trotzdem darfst Du Dir ruhig Unterstützung von einem Arzt, Heilpraktiker oder Therapeuten Deines Vertrauens holen und auch der geistigen Welt klar sagen, dass Du Schmerzen hast und sie den Wachstumsprozess bitte so gestalten sollen, dass es für Dich leichter ist.

Hast Du Dir schon einmal über eine Libelle Gedanken gemacht? Diese wunderschönen grazilen Wesen durchlaufen auch sehr interessante Wachstumsprozesse, wofür sie grenzenloses Vertrauen brauchen. Eine Libelle legt ihre Eier in ein Gewässer; daraus entsteht eine Seinsform der Libelle, die sich im Wasser zu einem schwimmenden Tier entwickelt und einige Zeit nur im Wasser lebt. Irgendwann, wenn die Zeit und die Entwicklung dafür reif ist, sucht sich dieses Tierchen eine Pflanze an der sie aus dem Wasser heraus klettern kann. Das bedeutet, sie braucht vollstes Vertrauen, dass sie außerhalb des Wassers auch atmen und leben kann. Doch sie hat entweder keine Angst, oder sie überwindet ihre Angst und gibt sich voll Vertrauen ihrem „Instinkt" also der göttlichen Weisheit in ihr, hin und begibt sich an Land. Hier verharrt sie so lange, bis an ihrem Rücken der Panzer bricht und sich die Libelle langsam daraus entpuppt. Dieser Drang der Libelle, ihre Kraft so einzusetzen, dass sie aus der ihr vertrauten „Hülle" heraus möchte, ist auch wieder die göttliche Weisheit in ihr, die ihr die Kraft dazu gibt. Das ist ein Entwicklungsprozess für die Libelle, der seine Zeit und Energie braucht. Die Libelle gibt sich diesem Prozess hin – egal, wie lange er dauert. Als nächstes folgt die Libelle wieder ihrer inneren Stimme und erhebt sich in die Lüfte – sie fliegt. Vom Schwimmen über das Klettern zum Fliegen. Vom Atmen im Wasser zum Atmen in der Luft. Was für ein Prozess! Die Libelle gibt sich diesem Prozess einfach hin und nimmt sich die Zeit dafür. Sie hadert auch nicht mit sich, wenn sie bei der Entwicklung Wachstumsschmerzen hat. Sie ist voll göttlichem Vertrauen!

Erkennst Du die Verbindung zu Dir? Auch Du darfst Dich voll Vertrauen Deinem Wachstums- und Entwicklungsprozess hingeben und Dir die Zeit dafür nehmen. Bitte immer wieder um göttlichen Schutz und um Führung und Du wirst sowohl die Zeit, als auch die Energie bekommen, die Du dafür brauchst. Nach einem großen Entwicklungsschritt kann es auch sein, dass Dein Körper noch Ruhe benötigt um sich an die neue Schwingung und Seinsform zu gewöhnen. Nachdem die Libelle aus der Larve geschlüpft ist, sitzt sie noch lange Stunden auf der leeren Hülle, erholt sich und macht sich mit ihrer neuen Form vertraut. Es dauert eine ganze Weile, bis sie sich erstmalig in ihrer neuen Seinsform in die Lüfte erhebt. Sei auch Du Dir bewusst, dass Dein Körper nach einer Zeit des Seelenwachstums Zeit und Ruhe braucht. Es ist gut und wichtig, dass Du Dir liebevoll und wertschätzend diese Zeit und Ruhe gibst. So wirst Du Dich gestärkt und angefüllt mit reiner Liebe und Freude in Deiner neuen Schwingung erfahren dürfen. Es möge Dir so gut gelingen wie der Libelle.

Wenn Dualseelen sich hier begegnen, dann löst das meistens ganz enorme Wachstumsschmerzen aus, weil die Schwingungen noch unterschiedlich sind und sich möglichst schnell anpassen wollen. Dieser Prozess findet statt, egal ob die beiden sich erkannt und zueinander bekannt haben oder nicht. Die unterschiedlichen Energieschwingungen zweier Dualseelen wollen sich zum Gleichklang und somit zum EINSSEIN entwickeln.

Besitzen oder Freiheit

Hast Du Dir schon mal die Frage gestellt, was Dir in Deinem Leben wichtiger ist: Besitzen oder Freiheit? Das ist eine sehr interessante Frage, weil sie Dich zu vielen Gedanken und Impulsen anregen kann. Wir beobachten, dass hier auf Erden viele Menschen sehr gefangen sind in diesem „MEIN-Gefühl", das sich meistens auf Materielles bezieht, aber auch auf Menschen und Tiere, Grundstücke etc. Dem spricht grundsätzlich auch nichts dagegen, sofern dieses „MEIN-Gefühl" nicht Ausgrenzung und Einengung verursacht, was leider oftmals der Fall ist.

Überlege, wie Dein Gefühl ist, wenn es um Deine materiellen Dinge geht: Kannst Du auch andere gerne daran teilhaben lassen? Gestattest Du es auch, Dein Heim mit anderen Menschen zu teilen? Kannst Du Dir vorstellen, dass jemand bei Dir wohnt, während Du gar nicht da bist? Kannst Du von Deinem Materiellen loslassen und Dir den Freiraum geben, denn Du vom Herzen her gerne möchtest? Oder lässt Du Dich von allem, was Du Dir in diesem Leben aufgebaut hast, so sehr gefangen nehmen, dass Du keinen Raum mehr für Deine Herzenswahrheiten hast?

Spüre hin, was Deine Gefühle Dir sagen und verurteile Dich bitte nicht, denn darum geht es nicht. Es geht nur darum, bewusst und klar zu werden, was Dir Dein Leben noch schwer macht. Wenn Du Dich gefangen fühlst in Deinem eigenen Leben, so ist es an der Zeit, einer wichtigen Erkenntnis Raum zu geben: Es ist eine gesellschaftliche Prägung, sich von seinem Eigentum und seinem Besitz vereinnahmen zu lassen und auch danach zu streben!

Doch die Wahrheit ist, dass Deine Seele frei ist und auch ein Gefühl der Freiheit hier leben möchte. Darum stelle Dir vor, dass Du das, was Du besitzt einfach liebevoll verwaltest und Du mit dieser Einstellung zu einer neuen inneren Freiheit gelangst. Höre auf, Dich mit Gegenständen zu identifizieren und daraus Dein Selbstwertgefühl zu schöpfen, sondern kümmere Dich liebevoll und wertschätzend um all das, was Dir in diesem Leben zur „Verwaltung" gegeben wurde und Du Dir zur Verwaltung erarbeitet hast. Deine Einstellung ist entscheidend. Fühlst Du Dich als der Mächtige, weil Dir – notariell nachweisbar – dieses und jenes gehört? Oder gelingt es Dir, all das wertschätzend und liebevoll zu umsorgen und zu verwalten, damit es wächst und gedeiht zum Wohle aller?

Was bedeutet das – wirst Du Dich vielleicht fragen? Du kannst Dein Unternehmen führen mit dem Ziel, möglichst viel Gewinn zu machen um Dich selbst großartig zu fühlen. Und nochmals – das ist völlig in Ordnung, wenn Du so empfindest. Solltest Du jedoch die nächste Stufe der Weiterentwicklung gehen wollen, dann besteht der Schritt darin, Dein Unternehmen unter Einhaltung Deiner ethischen Werte bestmöglich zu führen bzw. zu verwalten um wertvolle Arbeitsplätze für Deine Mitarbeiter zu schaffen, um Produkte oder Dienstleistungen herzustellen, die anderen zum Wohle gereichen und um Gewinn zu machen, damit Du diesen teilen kannst – zu Deinem Wohle und zum Wohle aller. Erfreue Dich dessen, was Du erschaffen hast und sei ein guter Verwalter. Doch öffne Dich innerlich für Freiheit und somit für Fülle. Denke und wachse über die Grenzen des Materiellen hinaus indem Du Dich nicht mit dem Materiellen identifizierst und Dich für Deine wahre Größe öffnest. Erlaube Dir die Freiheit groß und weit zu denken und zu sein, denn das Universum hat keine Grenzen und Du bist ein Teil des Universums!

Im nächsten Schritt spüre bitte, wo es noch ein Gefühl des Besitzens gibt: Wie ist es mit Deinem Partner bzw. Deiner Partnerin? Euer Wortschatz drückt es schon sehr deutlich aus: MEINE Frau, MEIN Mann.... Doch wem „gehört" diese Frau und dieser Mann denn tatsächlich? Wenn überhaupt, dann doch nur sich selbst und nicht einem anderen Menschen!

Die Zeit ist reif für ein neues Bewusstsein und Eure Seelen verlangen danach, darum geben wir Euch diese Botschaft in göttlicher Liebe: „Lebe, liebe und sei frei!" Frei von den selbst auferlegten Grenzen, frei von Besitzansprüchen an Materiellem und an Menschen, frei von gesellschaftlichen Verpflichtungen, frei von Ängsten, frei von Sorgen, frei von Verhaltensmustern – SEI FREI!
Freiheit ist ein Gefühl. Selbst ein Gefangener im Kerker kann sich frei fühlen, wenn er das entsprechende Bewusstsein dafür erlangt hat, weil er weiß, dass sein wahres Sein seine Seele ist und diese über die irdischen Grenzen und über die Grenzen des Verstandes hinaus existiert.

Beginne Dich frei zu fühlen, indem Du aufhörst Dich selbst einzugrenzen. Lade die Freiheit in Dein Herz und in Dein Leben ein und versuche diese Qualität der Liebe zu spüren. Da alles Liebe ist, ist auch die Freiheit eine Facette der Liebe. Lass sie leben und liebe die Freiheit.

Gib auch Deinem Dualseelenpartner, der hier auf der Erde inkarniert ist, die Freiheit, sich so zu entwickeln wie er es gerade tut. Gib ihm die Freiheit, sein Leben so zu leben, wie er es gerade will und verurteile ihn nicht dafür, sondern schenke ihm Deine reine und bedingungslose Liebe. Und bedenke: Wahre Liebe besitzt nicht, sondern schenkt Freiheit! Freiheit beginnt in der eigenen Vorstellung. Und wenn Du Dich selbst innerlich frei fühlst, kannst Du dieses Gefühl auch Deinen Mitmenschen geben und vorleben.

Auch wenn Dein Dualseelenpartner Deine „zweite Hälfte" ist, so darf auch er seine Freiheit hier auf Erden leben, genauso wie Du auch. Die Liebe verbindet Euch sowieso und darum braucht Ihr keine Gedanken und Gefühle des Besitzens. Vertraut der Liebe! Ihr seid Eins sowie Ihr Eins seid mit Allem-was-ist und es keine Grenzen gibt. Darum braucht es auch keine Energie des Besitzens, sondern es darf Liebe und Freiheit gelebt werden, denn so kommt dieses Bewusstsein aus der geistigen Welt auf die Erde und trägt zu Euer aller Weiterentwicklung bei.

So wie Du einen Sonnenuntergang oder die herrliche Farbe einer Lagune nicht besitzen kannst, so kannst Du auch keinen anderen Menschen besitzen. Doch Du kannst den Sonnenuntergang und die Farbe der Lagune lieben und genießen und Dich daran erfreuen. Und genauso ist es mit den Menschen um Dich herum. Liebe die Freiheit und erlaube Dir selbst, Dich frei zu fühlen.

Geliebtes Sein,

Du Freude in mir. Vertraue Deinen Impulsen und spüre die göttliche Weisheit.

Die Hoffnung hat in diesem Leben zwei Seiten, denn auch sie unterliegt der Polarität. Sei Dir dessen bewusst und gehe achtsam damit um. Die Hoffnung ist einerseits eine Energie die Dir Flügel verleihen kann und Dir Kraft gibt, andererseits kann sie Dir auch Enttäuschung bringen, wenn Du Dich und Deine Glückseligkeit vom Ziel, vom Ergebnis der Hoffnung abhängig machst.

Es kommt darauf an, welche Erwartung Du an das Ergebnis Deiner Hoffnung knüpfst.

Sei Dir bewusst, dass Du, Dein wahres SEIN, keine Ergebnisse brauchst, weil alleine Dein SEIN die Glückseligkeit und das EINS-SEIN verkörpert.

Erlebe die Freude in Dir, die Dir die Hoffnung mit ihrer Energie gibt.

Überwindung der Urangst

Die größte Angst der Menschen, die so genannte Urangst, ist die Angst vor dem Getrenntsein und vor dem Alleinesein. Aus dieser Angst heraus ist auch dieses „Besitzdenken" entstanden, denn wenn man sich mit etwas, das einem gehört identifiziert, fühlt man sich schon nicht mehr so alleine. Diese Urangst sitzt ganz tief in den Menschen und darum meinen viele immer mehr besitzen zu müssen, damit sie der Urangst nicht zu begegnen brauchen. Das geschieht natürlich weitgehend unbewusst, da diese Urangst sich sehr gut versteckt hält. Es geht jetzt nicht darum, diese Angst des Getrenntseins und des Alleineseins zu verurteilen, denn sie war bis jetzt wichtig für Euch, damit Ihr dieses „Spiel des Lebens" auch ernst genommen habt. Doch inzwischen steht der nächste große Entwicklungsschritt der Menschheit an und ein neues Bewusstsein will gelebt werden. Und dazu ist diese Urangst nicht mehr nötig, sondern darf jetzt erlöst werden.

Erkenne, dass Dein wahres Sein die reine Liebe ist und nur die Liebe real ist. Die Liebe ist alles was ist und verbindet alles was ist – wie kann dann noch ein Getrenntsein möglich sein? Die Wahrheit ist, dass wir alle, die geistige und die irdische Welt Eins sind und durch die Liebe verbunden sind, weil alles Liebe ist.

Kannst Du das annehmen, geliebtes Wesen, das diese Zeilen liest?
Ja, Du bist die wahre Liebe und verbunden mit allem, was ist!

Meditiere über diese Weisheit und versuche sie in jeder Deiner Körperzellen zu spüren und als Deine neue Wahrheit in Dir zu manifestieren. Gib Dir Zeit dafür, damit dieses Bewusstsein durch Dich auf der Erde gelebt werden darf. Sei Dir darüber im Klaren, dass Du es bist, der diese Transformation der Urangst mit bewirkt, indem Du Dich zu Deinem wahren Sein, zur reinen und bedingungslosen und wertfreien grenzenlosen Liebe bekennst.

„Ich bin in tiefstem Vertrauen des All-Eins-Seins. Ich lebe die Liebe und die Geborgenheit in mir und aus mir heraus zum Ruhme Gottes und zum Wohle aller."

Meditiere über dieses Mantra bzw. über die Weisheit hinter den Worten. Du kannst es auch so abändern, wie es für Dich stimmig ist. Doch erschaffe Dir einen Satz mit dem Du meditieren und arbeiten kannst und der sich zu Deiner neuen Wahrheit entwickeln darf. – So wie Deine Dualseele und Du Eins seid, so sind im weiteren Sinne alle Seelen Eins!

Vermutlich wird Dir das noch nicht komplett gefallen, da es eventuell Menschen gibt, die Du nicht leiden kannst und Du froh bist, wenn Du nichts mit ihnen zu tun hast. Und dann sollst Du Dir vorstellen, dass Du auch mit denen Eins bist..... Wir wissen, dass das durchaus eine schwere und fast unüberwindlich zu scheinende Aufgabe ist. Doch sei Dir bewusst, dass es nicht um 100 %

geht, sondern darum, erst mal Dich selbst so annehmen und lieben zu können, wie Du gerade bist. Dann spüre die Verbundenheit mit Deiner Dualseele und lerne dadurch das Gefühl des Eins-Sein. Und dann dehne dieses Gefühl so weit aus, wie es Dir eben gelingt. Vielleicht schaffst Du es, Dich auch Eins mit den anderen Seelenpartner bzw. Seelengefährten und Seelengeschwistern zu fühlen, die Du in Deinem Leben bereits wieder erkannt hast. Das Gefühl der tiefen Liebe und Verbundenheit darf auch zu ihnen fließen.

Bei den Menschen, wo es Dir noch nicht gelingt, weil Du sie nicht leiden kannst – warum auch immer – spüre hin, welches Verhalten sie Dir spiegeln. Frage Dich, ob Du eventuell auch so ein Verhalten hast bzw. hattest und Dich dafür selbst verurteilst. Verzeihe Dir dafür und auch dem anderen um in die Liebe zu kommen. Es muss natürlich nicht unbedingt sein, dass derjenige, den Du nicht leiden kannst, Dir ein Verhalten spiegelt, das Du selbst auch hast; es kann auch sein, dass er Dich einfach trainiert, die Themen bei dem Menschen zu lassen, den sie betreffen und Dich dafür nicht verantwortlich zu fühlen. Oder es kann ein Training sein, in Deiner Liebe zu bleiben, auch wenn sich der andere in Deinen Augen unpassend verhält. Vielleicht ist es bei Dir auch so, dass Du viel Energie brauchst um Dich auf gar keinen Fall so entsetzlich zu verhalten und Dir so ein Verhalten, wie das, das Du bei einem anderen verurteilst, niemals zugestehen würdest. Und trotzdem ist es auch in Dir, weil Ihr alle alles in Euch habt. Es ist eine Schule des Bewusstwerdens hin zur reinen bedingungslosen und wertfreien Liebe in diesem Leben. Und dazu braucht es auch „Trainer", die Dir gewisse Aufgaben geben. Das tun sie nicht um Dich zu ärgern, sondern um Dich zu trainieren. In Wahrheit ist es ein Liebesdienst, der so verpackt ist, dass Du ihn noch nicht als wertvolles Geschenk für Dein Leben erkennen kannst. Sei Dir gewiss, je mehr Du Dich der Liebe und der Verbundenheit öffnest umso mehr wird dieses Gefühl der Liebe und des All-Eins-Seins sich in Dir manifestieren. Je mehr Du in Deiner Liebe bist und vertrauen kannst, umso weniger Raum braucht die Angst. Dehne einfach Deine Liebe und Verbundenheit aus und dadurch darf sich die Urangst des Getrenntseins transformieren.

Lebe, liebe und sei frei!

Polarität und Dualität

Wir sehen, dass diese beiden Worte „Polarität" und „Dualität" hier auf Erden häufig verwendet werden und darum möchten wir auf deren tiefere Bedeutung eingehen. Wir versuchen es jetzt mit Worten zu erklären, die Ihr gut kennt.

Als die eine Seele das All-Eins-Sein, die reine bedingungslose Liebe sich erfahren wollte, bedurfte es zum einen einen Erfahrungsplaneten, die Erde, und zum anderen einen Gegenpol zur Liebe, nämlich die Angst. Mit dem ersten Schritt, den die Seele aus dem All-Eins-Sein in die Erfahrungswelt macht, entsteht die Urangst des Getrenntseins und des Alleineseins. Der Gegenpol zur Liebe ist erschaffen. Was in dem Moment auch geschieht ist, dass sich zur Seele, zum Höheren Selbst, auch ein niederes Selbst bildet, das Ihr meistens Ego nennt. Die Aufgabe des Niederen Selbstes bzw. des Egos ist, insbesondere dafür zu sorgen, dass die Urangst in diesem Leben erhalten bleibt und auch all das, was Ihr an Kindheitsprägungen bekommt. Dann gilt es noch zu vergessen, dass die einzige Wirklichkeit die Liebe ist und es entstehen Worte wie Realität und Illusion.

Die Polarität ist erschaffen. Es gibt einen Gegenpol zur Liebe, nämlich die Angst. Das ist der wichtigste und entscheidendste Gegenpol in diesem Leben. Daraus entwickelt haben sich dann noch viele Gegenpole: Hell und dunkel, laut und leise, gut und böse, gerecht und ungerecht usw. Doch die dem allen zugrunde liegende Wahrheit ist die Liebe! Erinnere Dich – geliebtes Erdenkind.

All diese Gegenpole brauchen die Wesen hier um sich erfahren zu können. Wie willst Du sonst wissen, wie Helligkeit aussieht, wenn es keine Dunkelheit gibt? Wie willst Du erfahren, wie es ist, wenn jemand böse zu Dir ist und Dich verletzt, wenn es nur Harmonie, Heil und Liebe gibt? Trotzdem bleibt die einzige Wirklichkeit immer die reine bedingungslose und wertfreie göttliche Liebe, das Dein wahres Sein ist. Denke bitte immer daran!

Was bedeutet nun Dualität?
Dualität bedeutet, sich von anderen Wesen getrennt zu fühlen, obwohl alle Eins sind. Dualität bedeutet, sich von Gott getrennt zu fühlen. Gott als etwas außerhalb von sich selbst zu sehen, obwohl Gott in Dir und in „Allem-was-ist" ist. Gott ist die reine bedingungslose Liebe! Und das ist Dein wahres Sein. Da gab es nie eine Trennung, gibt es keine Trennung und wird es nie eine Trennung geben.

Vielleicht magst Du das anmaßend empfinden, Dein wahres Sein als göttlich anzuerkennen. Doch es bleibt trotzdem die Wahrheit. Vielleicht hilft es Dir, anzunehmen, dass auch Du den göttlichen Funken in Dir hast und es irgendeine Verbindung zwischen den Menschen und auch der Natur gibt. Gib Dir Zeit für diese tiefe Weisheit und freunde Dich in Deinem Tempo damit an. Spüre die Liebe in Deinem Herzen und gib ihr immer mehr Aufmerksamkeit. Spüre die

Liebe, die Du für Deine Kinder, Deinen Partner, Deine Tiere und für die Natur empfindest und schenke ihr immer mehr Aufmerksamkeit. Je besser und öfter Dir das gelingt umso leichter wird es Dir fallen auch Dein wahres Sein immer bewusster wahrzunehmen. Doch es ist ein Prozess, der in Deinem Tempo geschehen darf. Gib Dir die Zeit, die für Dein gesundes Wachstum wichtig ist.

Erkenne, dass die einzige Wirklichkeit die Liebe ist.
Und die Illusion ist Realität und die Realität ist Illusion.

Bei Dualseelen ist es so, dass es zwei Wesen z. B. hier auf Erden sind, die sich getrennt fühlen, hier auch zwei Körper haben und trotzdem Eins sind. Das ist die Wirklichkeit – alles andere ist Illusion und Deine so genannte Realität auf Erden.

Wenn Deine Dualseele in der geistigen Welt ist, gibt es trotzdem ein Gefühl des Getrenntseins, weil der Verstand nicht annehmen kann, dass außerhalb dessen, was er sieht und für seine Realität hält, noch etwas sein soll. Doch es geht auch hier genau darum, das Einssein zu erkennen und anzunehmen. Wenn es Dir gelingt, Dich mit Deiner Dualseele Eins zu fühlen – egal, ob diese inkarniert oder in der geistigen Welt ist – hast Du den ersten Schritt der Trennung überwunden und beginnst die Dualität in Deinem Leben zu verringern bzw. aufzuheben. Wenn es Dir im nächsten Schritt gelingt, Dich mit möglichst vielen Menschen, Tieren und dem Planeten Eins zu fühlen, wird die Dualität immer weniger Raum in Deinem Leben haben. Und so darf Deine Bewusstseinsentwicklung sich erweitern, bis hin zum Erwachen. Zum Erwachen aus der Dualität, aus dem Gefühl des Getrenntseins hin zum Erkennen der einzigen Wirklichkeit, nämlich dass alles Liebe ist. Zum Erkennen, was sich hinter den Gegenpolen, hinter den Gegensätzen wirklich verbirgt. Die Liebe, die reine bedingungslose, wertfreie und göttliche Liebe! Es gibt hier gut und böse und das sind die Gegenpole – und trotzdem ist alles Liebe! Wach auf!

Erlaube Dir, Dein wahres Sein zu leben, erlaube Dir Wunder zu vollbringen, erlaube Dir, Dich zu Deiner Göttlichkeit zu bekennen, erlaube Dir, Dich Schritt für Schritt zu Deinem wahren Sein, zum All-Eins-Sein zu entwickeln.
Lass das Gefühl des Getrenntseins in Liebe gehen und lade das Gefühl und das Bewusstsein der Verbundenheit mit Allem-was-ist ein. Erlebe die Liebe und Verbundenheit in Dir und aus Dir heraus.

Freue Dich über diese neuen Erkenntnisse, die Dir zuteil geworden sind und lade sie in Dein Herz und in Dein Leben ein – wir danken Dir!

Sexualität

Lasst uns über das Thema Sexualität sprechen. Wir beobachten, dass viele Menschen hierzu ein gestörtes Verhältnis haben und darum möchten wir Euch jetzt zu neuen Gedanken einladen.

Wir stellen fest, dass sehr viele Menschen den wahren Schatz der Sexualität noch nicht gefunden haben. Für viele von Euch ist Sexualität noch sehr negativ behaftet, was auf die ganzen letzten Jahrhunderte zurückzuführen ist. Viele stehen unter einem unglaublichen Erfolgsdruck und andere wiederum können selbst hier ihr Kontrollprogramm nicht ablegen und sich ihren Gefühlen hingeben. Wiederum andere sind regelrecht sexsüchtig. Doch bitte verurteilt nichts, denn auch hinter einer Sucht verbirgt sich etwas sehr Tiefliegendes. Wenn Ihr das Wort „Sucht" genau anschaut, so heißt es, dass jemand nach etwas sucht. Nach was könnte jetzt jemand, der „sexsüchtig" ist suchen? – Könnte es das Gefühl der Verbundenheit, des EINS-SEINS sein?

Doch um in das Gefühl der tiefen Verbundenheit, der regelrechten Verschmelzung zu gelangen, bedarf es mehr als einfach „nur" Sex zu haben. Natürlich findet bei „herkömmlichem" Sex auch eine Vereinigung statt, auf körperlicher Ebene. Doch nicht automatisch auch auf Seelenebene. Was allerdings passiert ist, dass Ihr die Energien des anderen in Eure eigene Aura, in Euer eigenes Energiesystem mit aufnehmt. Das können durchaus wertvolle Energien sein, doch wir beobachten, dass sich manche Menschen Energien aufbürden, die sie bewusst sicher nicht gewählt hätten und sich dann wundern, wo diese her kommen.

Hast Du es schon einmal erlebt, dass es Dir recht gut ging und Du in ein Gespräch gegangen bist, wo der andere eine sehr schlechte Stimmung und eine regelrecht negative Energie hatte? Das Gespräch kostete Dich richtig Energie und Du hattest danach zu tun, wieder einigermaßen in Deine gute Stimmung zu kommen, die Du vor dem Gespräch hattest. Du kennst sicher solche Situationen.

So, wie bei Gesprächen und generell im Kontakt mit Deinen Mitmenschen Energien ausgetauscht werden, so geschieht das auch bei der körperlichen Vereinigung über die Sexualität, nur viel intensiver und nachhaltiger. Sei Dir dessen einfach bewusst.

Darum ist es aus unserer Sicht ganz wichtig, sicher zu sein, dass der Mensch, mit dem Du Sex hast, Dich auch wirklich liebt. Denn dann geschieht die körperliche Vereinigung und der Energieaustausch auf der Basis der Liebe.

Sexualität ist etwas ganz Natürliches, und als Mensch habt Ihr viele „Triebe" in Euch z. B. den Sexualtrieb, den Forschertrieb, Gesellschaftstrieb usw. Wenn diese Triebe in Euch abgespalten werden, führt das zu Krankheit. Wenn Sie integriert und transformiert werden, führen sie zur Erleuchtung.

Wenn das Herz- und das Wurzelchakra getrennt sind, ist die Sexualität abgespalten und es wird „nur" die animalische Sexualität aus den Urtrieben heraus gelebt. Sobald es gelingt, das Herz- und Wurzelchakra zu verbinden, kann die Sexualität transformiert werden und die Sexualenergie für die Seelenentwicklung genutzt werden. Dann ist es die heilige bzw. heilbringende Sexualität, die dann gelebt wird.

Dazu ist es entscheidend, dass Ihr aufhört zu bewerten, was sein darf und was nicht, sondern Euch dem Fluss der Evolution hingebt und in die alles verbindende wertfreie bedingungslose Liebe kommt. Die wahre Herzenserotik trägt Dich dort hin. Heilige Sexualität hat nichts Triebhaftes sondern entstammt der reinen Herzensliebe woraus sich die Erotik entwickelt. Und diese kostbare Energie verbindet Dich mit Deinem wahren Sein, mit der göttlichen Liebe.

Selbst wenn Du diese heilige Sexualität nicht mit Deiner Dualseele leben kannst – warum auch immer, so wünschen wir Dir, dass Du Sexualität immer mehr auf diese Art erfahren darfst. Je klarer Dir diese Zusammenhänge sind und Du Dein Bewusstsein dafür erweiterst umso leichter wird es Dir fallen, Sexualität in ihrer heiligen Form zu leben und diese Energie zu manifestieren. Sofern Du heilige Sexualität mit Deiner Dualseele lebst, entsteht eine Liebesenergie, die nicht nur Eure Seelen verschmelzen lässt, sondern dem gesamten kollektiven Bewusstsein Heilung und Anhebung schenkt. Die körperlich gelebte Liebe eines Dualseelenpaares setzt wertvolle Energien frei, die für andere Seelen wie ein Leuchtturm sind und ihnen den Weg zu ihrer Göttlichkeit weisen. Dualseelen, die ihre Liebe leben sind eine Brücke in die neue Zeit, weil sie durch ihre Liebe die Energie und das Bewusstsein anheben und in einer neuen Dimension manifestieren.

Um Dein Herzchakra mit Deinem Wurzelchakra zu verbinden kannst Du immer wieder um die Vereinigung Deiner Chakren bitten, Dich gezielt und bewusst als vollkommen und verbunden fühlen. Falls Du einen Schritt davor brauchst, dann stell Dir vor, dass Dein Herz- und Wurzelchakra über einen rosafarbenen Lichtstrahl verbunden sind. Stell Dir vor, wie die Energie über diesen Verbindungsstrahl vom Herz- zum Wurzelchakra fließt und umgekehrt, so dass ein wunderbarer Austausch der beiden Energien erfolgen kann. Versuche auch zu spüren, wie diese Energie fließt und Vereinigung geschehen darf.

Geliebtes Sein,

erfahre die göttliche Liebe und den göttlichen Frieden in jedem Augenblick Deines Erdenlebens, denn das bist Du.

Erinnere Dich an diese Aspekte in Dir und schenke ihnen Aufmerksamkeit, so werden sie Dir immer bewusster und dürfen ihren Raum in Deinem Leben einnehmen.

Erlaube Dir, Dich an Deine göttliche Verbundenheit zu erinnern. Sie wird Dich nähren und mit Freude und Leichtigkeit Dein Leben erfüllen.

Die Kraft des Seins

Es ist an der Zeit, sich über die Kraft des Seins Gedanken zu machen. Was bedeutet „die Kraft des Seins"? Es ist die weibliche Göttlichkeit in Dir. Indem Du Dich in Deiner Ganzheit anerkennst und bedingungslos liebst, gelingt es Dir auch, den weiblichen Teil in Dir anzunehmen und zu leben. Wir beobachten, dass viele Frauen ihre männliche Energie „Die Kraft des Tuns" sehr intensiv leben und darauf ihren Schwerpunkt setzen und ihre Wertschätzung begründen. Um jedoch hier auf Erden in Dein ganzheitliches Potenzial zu kommen, bedarf es eines ausgewogenen Verhältnisses zwischen Tun und Sein. Gerade als Frau ist es unerlässlich zu lernen, alles was Du tust aus der Kraft des Seins heraus zu tun, denn dann beinhaltet Dein Tun die göttliche Energie und ist gesegnet mit Leichtigkeit und Erfolg. Für Männer hingegen ist es wichtig, in ihrem Tun die Kraft des Seins zu spüren. Das bedeutet immer wieder bewusst bei Dir selbst zu sein, zu spüren und wahrzunehmen, was durch Dein Tun gerade geschieht. Die göttliche Energie ist immer in Dir und Deinem Tun, doch unterstützen und verstärken kannst Du sie indem Du als Mann die Kraft des Seins in Dein Tun legst. Als Frau hingegen geht es darum, erst in die Energie das eigenen weiblichen Seins zu kommen und dann daraus zu handeln. Das gelingt Dir als Frau am besten, je mehr Du Dir Deiner Weiblichkeit und deren Aspekten wie Mitgefühl, Hingabe, Kreativität, Fürsorge, Inspiration etc. bewusst bist. Wir haben in unserem ersten Buch bereits ausführlich über das Thema Weiblichkeit gesprochen und gehen davon aus, dass Ihr Euch über diese Bedeutung inzwischen im Klaren seid.

Dualseelen-Paare fühlen sich meist so stark zueinander hingezogen, weil sie spüren, dass die gemeinsame Energie völlig ausgeglichen ist und es so beiden ideal gelingt, aus der jeweiligen Kraft heraus zu leben und zu agieren. Die Aufgabe einer vereinten Dualseele ist ja durch die gelebte Liebe die Schwingung auf diesem Planeten zu erhöhen und zu manifestieren. Darum ist dieses ausgeglichene Gefühl auch so wertvoll, weil keine Energie verloren geht um bei sich selbst den Ausgleich herzustellen. Jedoch ist es für jeden Menschen – ganz gleich ob mit oder ohne inkarniertem Dualseelen-Partner – ein wichtiger Lernschritt, den dieses Leben zu bieten hat, die Kraft des Seins richtig einzusetzen und den Ausgleich zwischen Sein und Tun in sich selbst zu schaffen. Je besser Dir das gelingt, umso leichter ist Dein eigenes Leben und auch – sofern es für dieses Leben sein darf – das gemeinsame Leben mit Deiner Dualseele.

Geliebte Seelen hier auf Erden, die Ihr so tapfer Eure Wege geht – seid Euch Eurer Ganzheit und Göttlichkeit in jedem Augenblick bewusst, denn Ihr seid nie alleine. Alles ist in Euch – erinnert Euch und versucht die Ganzheit, das All-Eins-Gefühl zu spüren, so gut es Euch eben gelingt. So gelingt es Euch am leichtesten Euer wahres Sein zu erkennen und die Göttlichkeit in jeder Zelle Eurer Körper zu spüren. Stellt Euch nicht vor, wie es sein könnte, denn das ist für den Verstand unmöglich.

Spürt in Euer Herz und Ihr werdet diese Gefühl Eures wahren Seins immer deutlicher wahrnehmen. Bittet dafür immer wieder um höchsten göttlichen Schutz und um die Gnade, Eure wahre Göttlichkeit, Euer wahres Sein spüren zu dürfen und es wird geschehen. Erwartet nichts – seid einfach! Euer Herz wird sich öffnen und weiten und mit „Allem-was-ist" verbinden.

Nimm Dir Zeit in Dein Herz zu spüren und wahrzunehmen, wie es sich öffnet, größer und immer größer wird, wie die Herzensenergie den ganzen Körper durchflutet und darüber hinaus sich mit allem um Dich herum verbindet, bis der ganze Planet und das ganze Universum EINS ist mit Dir. Lass Dir Zeit – erzwinge nichts. Alles geschieht im für Dich richtigen Tempo. Wiederhole diese Übung so oft es Dir gut tut und es wird Dir immer leichter gelingen, aus der Göttlichkeit heraus zu leben und die Kraft des Seins zu erfahren. Wir begleiten und unterstützen Dich mit all unserer Liebe.

Vertrauen in 2012 bzw. in das neue Bewusstsein

Das Jahr 2012 hat bei Euch Menschen eine sehr vielschichtige Bedeutung bekommen. Von Katastrophen bis hin zur Erleuchtung ist so ziemlich jede Meinung und Vorhersage vertreten. Wir möchten Dir gerne einige Gedanken dazu mit auf den Weg geben.

Grundsätzlich geht es nicht exakt um das Jahr 2012 und schon gar nicht um ein konkretes Datum wie den 21.12.2012. Vielmehr steht 2012 als Synonym für die anstehende und bereits stattfindende Bewusstseinsentwicklung der Menschen und letztendlich des ganzen Planeten und auch darüber hinaus, da es ja keine Trennung gibt. Doch konzentrieren wir uns hier auf die Bewusstseinsentwicklung der Menschen. Diese findet ja bereits statt – was bedeutet, dass „2012" bereits eingeläutet ist und Ihr Euch schon auf dem Weg befindet. Allerdings erst am Anfang, doch Ihr geht den Weg täglich und entwickelt Euch. Ihr werdet auf Eurem Weg geführt und unterstützt, sowohl von der geistigen Welt, als auch durch Veränderungen der Erdmagnetfelder, Energie-Einwirkungen etc. Eure Wissenschaftler können diesbezüglich schon vieles belegen.

Wichtig für Dich ist ganz tief der folgenden Aussage zu vertrauen:

„Nach Deinem Glauben wird Dir geschehen!"

„2012" wird Dir das bringen, wozu Du bereit bist und woran Du auch bereit bist zu glauben, und zwar ganz tief und unerschütterlich in Deinem Herzen zu glauben. Wenn Du voll Ängsten und Sorgen bist, wird sich das verwirklichen – in welcher Form auch immer. Wenn Du voll Liebe, Spiritualität, Friede, Gottesbewusstsein, Freude, Zuversicht, Fülle etc. bist, wird sich das mit einem Faktor X potenziert verwirklichen.

Eine „neue Welt" kann entstehen!
Entscheidend ist, wie und mit welcher Energie Ihr sie gestaltet!

Darum fordern wir Euch immer und immer wieder auf, Euren eigenen tiefen Seelenfrieden zu finden und mit Hilfe Eurer Dualseele – egal ob sie inkarniert ist oder nicht – das Gefühl der Einheit und tiefsten Liebe zu erfahren um genau diese Qualitäten der „neuen Erde" zu schenken, indem Ihr sie in Euch tragt und aus dieser Energie heraus lebt.

Eine neue Zeit hat begonnen und Ihr füllt sie mit Leben, mit Werten, mit Gefühlen, mit Liebe, Freude und Gottesbewusstsein. Es ist Eure Aufgabe, bewusst und achtsam zu sein, welche Gefühle Ihr einbringt, wie Ihr Euch verhaltet und was Ihr denkt. Unterschätzt bitte nicht die Wirksamkeit Eurer Macht.

Nimm Dir täglich ein paar Momente Zeit um zu spüren, wie sich diese „neue Welt" anfühlen soll. Die geistige Welt mit all Deinen Engeln wird Dich leiten.

Wir wünschen Dir, dass Du voll Vertrauen und Vorfreude in diese neue Zeit gehst und sie aktiv und sehr bewusst mit Deinen Gefühlen mit gestaltest. So wie sich die Ängste und Sorgen in Vertrauen wandeln dürfen, wird sicherlich das eine oder andere in diesem Leben erst mal zusammen brechen um neu aufgebaut werden zu können. Doch fürchte Dich nicht – das ist ein Reinigungs- und Heilungsprozess. Sei offen für Veränderungen, denn alles ist Bewegung und verändert sich. 2012 steht auch für eine rasante Veränderung und Bewegung, damit anschließend Neues in Ruhe reifen und wachsen kann.

Hab' keine Angst mein liebes Erdenkind – wir sorgen für Dich und führen Dich! Vertraue Dich uns und Deinen Schutzengeln an – wir sind immer bei Dir.

Die Liebe Deiner Dualseele begleitet und trägt Dich. Sei offenen Herzens sie zu spüren und lass die Liebe frei zu Deiner Dualseele fließen. Ihr verkörpert das ALL-EINS-SEIN mit Eurer gelebten Liebe. Erfülle Dich mit dieser Liebe und nähre Dein Sein indem Du voll Dankbarkeit für die Begegnung mit Deiner Dualseele bist.

Es ist die Liebe und die Klarheit und der tiefe Friede in mir, die mich tragen.

Tragen in mein „neues" Sein. In ein weiterentwickeltes Sein – hin zum ALL-EINS-SEIN.

Dieser Prozess der Weiterentwicklung wird nie ganz aufhören, weil alles Bewegung ist und auch Weiterentwicklung Bewegung ist und Bewegung ist Weiterentwicklung.

Erkennst Du die Großartigkeit des Schöpferplans?

Da immer Weiterentwicklung stattfindet, kannst Du sie sehr bewusst und voll Freude genießen, denn das ist bewusstes Erleben dessen, was Gott ist.

Erlaube Dir, die Lebensprozesse voll spannendem Interesse, voll Liebe und Freude zu durchwandern. Alles ist spannend, nur weil es geschieht, denn es ist Schöpfung.

Herzensqualitäten erwachen

Geliebte Seelen hier auf Erden. Wir möchten mit Euch nochmals über das Thema Sehnsucht sprechen, denn diese hat eine weitere außerordentlich wichtige
Aufgabe. Als Ihr Euch entschieden habt, auf die Erde zu kommen, wart Ihr
reines Licht, reine Liebe mit allen Qualitäten, denn das ist Euer wahres SEIN.
Um dieses „Spiel hier auf Erden" ernst zu nehmen seid Ihr durch den „Tunnel
des Vergessens" in einen menschlichen Körper gegangen um Euch zu erfahren
bzw. damit Gott sich erfahren kann.

Im Laufe Eures Lebens spürt Ihr immer deutlicher, dass Ihr etwas vermisst.
Meist könnt Ihr es gar nicht so richtig benennen, es entsteht so eine unerklär-
liche Sehnsucht in Euch. Eine Sehnsucht nach Verbundenheit, Gemeinsamkeit,
Grenzenlosigkeit, unendlicher bedingungsloser Liebe usw. Die Sehnsucht treibt
Euch meist an, gewisse Schritte zu unternehmen um die für Euch wichtigen
Erfahrungen zu sammeln.

Wichtig für Euch ist es jetzt zu wissen, dass sich hinter jeder Sehnsucht eine
Herzensqualität verbirgt, die erst dann erwachen und in das Leben integriert
werden kann, wenn die Sehnsucht ausgelebt ist, die dadurch gemachten Erfahrungen verarbeitet wurden und die Sehnsucht sich auflösen darf. Dann tritt die
Herzensqualität hervor, die Dir das Gefühl gibt, Deinem wahren SEIN wieder
einen großen Schritt näher gekommen zu sein.

Jede Sehnsucht bedeutet ja, dass Ihr nach etwas sucht, und das stimmt auch,
denn Eure Seele leitet Euch liebevoll an, Euch auf die Suche nach Eurer Ganzheit nach Eurem wahren SEIN zu machen. Darum seid Ihr ja auch hier auf
Erden um diese Erfahrungen zu erleben.

Die Herzensqualitäten wollen erwachen dürfen, denn Ihr braucht sie für die
neue Zeit. Darum bitten wir Euch, diesen Weg noch bewusster zu gehen und
die Sehnsucht in Euch nicht zu verurteilen, sondern liebevoll willkommen zu
heißen, weil Ihr wisst, dass sich dahinter ein großer Meilenstein für Eure per-
sönliche Erleuchtung verbirgt. Sei Dir immer bewusst, dass Du die Arbeit an
Dir an Deinem Persönlichkeitswachstum nicht nur für Dich machst, sondern
auch für das kollektive Bewusstsein.

Die neue Zeit will erfüllt sein mit gelebten Herzensqualitäten wie dem Gefühl
des EINS-SEINS, mit reiner bedingungsloser Liebe, mit Hingabe, mit grenzen-
losem Vertrauen, mit Mitgefühl mit Bewusstsein über die Göttlichkeit jedes
Menschen, jedes Tieres, jeder Pflanze und des gesamten Universums.

Kommen Dir diese Gefühle bekannt vor? Ja, es sind viele Empfindungen, die
Du durch die Verbindung mit Deiner Dualseele kennst. Deine Dualseele hilft
Dir dabei, genau diese Gefühle in Dir zu erfahren, sich mit ihnen vertraut zu
machen um sie in Dir manifestieren zu können. Denn wie gesagt – die neue Zeit

wird ein Leben sein, wo es genau darum geht. Und je intensiver Du Dich jetzt mit Hilfe Deiner Dualseelen-Energie darauf vorbereitest, umso leichter wird Dir persönlich der Aufstieg in die neue Dimension gelingen. Durch die gelebte Liebe – egal ob körperlich oder geistig – mit Deiner Dualseele erschließt Ihr einen neuen Weg und öffnet ein „Tor" für Euch persönlich. Zuerst öffnet Ihr dieses Tor nur für Euch persönlich, doch je mehr Tore sich öffnen umso leichter hat es das kollektive Bewusstsein, sich auch in die neue Dimension zu erheben. Ein Tor, das durch die vereinte Dualseelen-Energie geöffnet wurde, bleibt offen! Erkennt Ihr die Kostbarkeit Eurer Verbindung und Eurer Liebe?

Wir sehen, dass viele von Euch unter der Sehnsucht, die durch die Begegnung mit der eigenen Dualseele aktiviert wird, mitunter sehr leiden. Doch auch das kann zu dem Prozess gehören, sofern Ihr durch dieses Leiden nicht in eine Opferrolle verfallt. Dass es Wachstumsschmerzen geben kann, haben wir bereits besprochen, doch Ihr braucht immer wieder die Liebe und das Vertrauen in Eure Göttlichkeit in Euer EINS-SEIN. Findet es in Euch selbst, denn dann können zwei so weit entwickelte Dualseelen großartiges für die neue Zeit beitragen. Die Herzensqualitäten dürfen leben!

Geliebtes Sein,

*in Deiner Liebe erwacht meine Lebendigkeit.
Die magische Weite meines Herzens wird
durchströmt von göttlichem Licht in Form von
Weisheit.*

*Wahrhaftigkeit und Klarheit erfüllen meine
Zellen – ICH BIN.*

Höre mich in Dir!

Erfülle mich in Dir und Deinem Leben.

*Spüre die Liebe –
Dein Ursprung in „Allem-was-ist".*

Erkenne Dich in mir – es gibt keine Trennung.

ES IST!

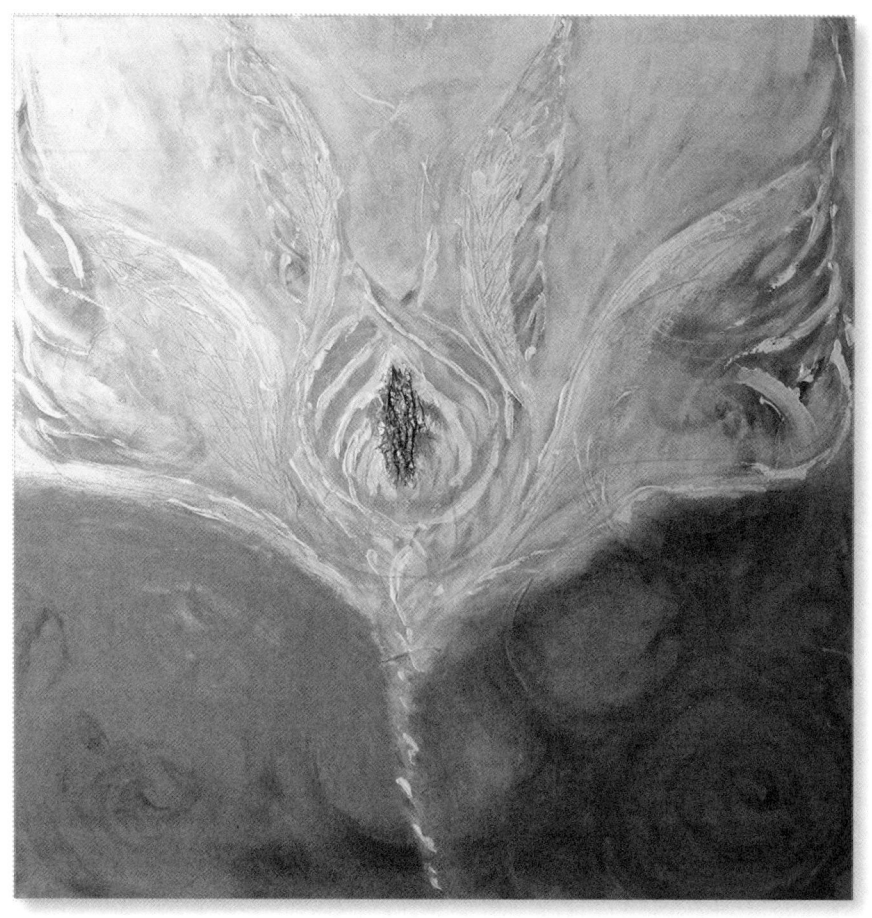

Verletzlichkeit

In Deiner Verletzlichkeit liegt Deine größte Kraft der bedingungslosen Liebe. Je feinfühliger und wahrnehmender Du bist, umso durchlässiger bist Du auch und somit um so verletzlicher. Die Verletzlichkeit ist oftmals die letzte und größte Hürde, die es zu nehmen gilt. Je tiefer Du die Verbundenheit mit Deiner Dualseele wahrnimmst und Dir eingestehst, umso stärker kann Dich Deine Dualseele verletzen. Das geschieht keinesfalls aus bösem Willen, sondern es ist ein besonders großer Liebesdienst, den Dir Deine Dualseele schenkt. Ein Ziel Deiner Entwicklung hier auf Erden ist zu erkennen, dass Du in Dir alles bist und genau das in Liebe bedingungslos und wertfrei annehmen kannst.

Verurteile Deine Verletzlichkeit nicht, denn sie birgt in sich ein wunderbares Geschenk. Die Verletzlichkeit zeigt Dir eine ganz besondere Fähigkeit der Wahrnehmung und des Mitgefühls, die Du hast. Meistens empfindest Du es als ganz normal, so feinfühlig und sensitiv zu sein, doch wir sagen Dir, dass es eine kostbare Gabe ist, die Dir für Deine Lebensaufgabe in die Wiege gelegt wurde! Erkenne das an und nutze diese Gabe zu Deinem Wohle und zum Wohle aller. Beginne damit zu erkennen, dass es sein darf, die Verletzlichkeit zu haben, und dann lass sie durch die Akzeptanz und Wertschätzung als etwas Kostbares heilen. Verurteile Dich nicht, wenn Du verletzlich bist, sondern nimm es dankbar und wertschätzend an, denn die dahinter verborgene Herzensqualität wird sich für Dich im richtigen Ausdruck zeigen. Sei Dir gewiss, dass es zu Deinem Prozess in diesem Leben gehört, sich liebevoll um diese zarte Seite Deines Wesens zu kümmern und sie zu lieben.

Die Kraft, die Lebenskraft hinter der Verletzlichkeit wird leicht in Deinem Leben Raum bekommen, je besser es Dir gelingt, liebevoll und wertschätzend mit Dir und Deinem sanften, schwachen, verletzlichen Sein umzugehen. Es ist ein Ausdruck größter Gnade, wenn Du so tiefe Empfindungen haben darfst. Selbst wenn Du glaubst, dass es so sehr schmerzt und ganz schrecklich ist, so sensibel zu sein, so lass Dir aus unserem Herzen sagen, dass dies ein unendlich kostbares Geschenk ist, das es anzunehmen und in Dir zu integrieren gilt. Die Gabe der tiefen Empfindungen hat Dich – meist unbewusst – schon oftmals in andere Dimensionen gebracht, doch Du hast es als völlig normal eingeordnet. Doch was ist normal? Für Dich ist es ganz normal, doch bedenke, dass es eine besondere Gnade ist und Du diese Fähigkeit für Deine Aufgabe bekommen hast. Nutze sie! Lerne immer mehr Deinen Empfindungen zu vertrauen und ihnen Liebe und Wertschätzung zu schenken. Sie werden Dir noch ein großartiger Begleiter und Helfer sein. Erforsche Deine Empfindungen und gib ihnen viel Aufmerksamkeit. Du spürst so viel und darfst lernen, es vom Herzen her anzunehmen und einen Weg zu finden, diese Wahrnehmungen zum Wohle aller zu nutzen. Es ist Dein Weg, Deine Verletzlichkeit zu heilen und somit viel Schmerz nicht nur von Dir zu nehmen, sondern auch vom gesamten Bewusstsein.

Halte bitte jetzt einen Moment inne und spüre hin, wer Dich in diesem Leben am meisten verletzt hat. Dann bedanke Dich von Herz zu Herz bei diesem Menschen in der Gewissheit, dass es für Dich wichtig war um Deine Verletzlichkeit zu erkennen und zu spüren. Dann stell Dir vor, dass die Energie des Schmerzes aus Deinem Körper geht und eine Form annimmt. Wenn Du möchtest, dann frage die Energie, ob sie Dir etwas zu sagen hat. Dann bedanke Dich auch bei dieser Energie ggf. auch für die Botschaft, die sie Dir gegeben hat und übergib sie in Liebe Deinen Engeln. Sie wissen, was damit zu tun ist und können eine Transformation bewirken oder die wahre Energie der Liebe in ihre Freiheit entlassen. Bedanke Dich bei Deinen Engeln für ihre Hilfe und spüre ihre Freude darüber, dass sie Dir helfen durften. Nun atme sehr bewusst mehrmals ein und aus und stell Dir vor, dass Heilung geschieht – jetzt gerade geschehen ist. Bedanke Dich bei Dir und komme wieder bewusst im Hier und Jetzt an. Spüre die liebevolle Veränderung in Dir und um Dich herum.

Sei gesegnet in Liebe.

Mitgefühl – Glücklichsein

Geliebtes Sein, die Göttlichkeit in Dir ist die Weisheit und Wahrhaftigkeit allen Seins. Erkenne Dich selbst in ihr – in Deiner Göttlichkeit. Darin verborgen liegt die Glückseligkeit. Begib Dich auf den Weg in Dein Innerstes, wo Ruhe und tiefer Friede herrschen. Was spürst Du da? Ist es Angst vor Dir selbst? Oder ist es das erhebende Gefühl des Angekommenseins, der tiefen unbeschreiblichen Glückseligkeit? So wie der Quell allen Seins die reine bedingungslose und wertfreie Liebe ist, so ist auch das alles in Dir. Mache Dich auf den Weg um bei Dir selbst anzukommen; bei Deiner Glückseligkeit. Dann spürst Du die Wahrheit in Dir und niemand kann Dir das wieder nehmen.

Meditiere in den tiefsten Punkt Deines Körpers. Vertraue, dass Du an die für Dich jetzt richtige Stelle Deines Körpers geführt wirst, und spüre dort tief hinein. Vielleicht ist es Dein Herz, vielleicht Dein Bauch, Dein Wurzelchakra oder auch Dein Kopf. Ganz egal, was sich Dir jetzt als tiefster Punkt zeigen mag. Nimm Dir Zeit um diesen Punkt bewusst wahrzunehmen. Was spürst Du dort? Konzentriere Dich nur auf diesen Punkt und das, was sich Dir zu erkennen geben mag. Erlaube Dir, Deine tiefen Gefühle anzuschauen, flüchte nicht vor ihnen, denn sie zeigen Dir den Weg. Ohne sie wärst Du nicht so, wie Du bist – als Mensch einmalig und einzigartig. Verurteile die Gefühle nicht, sondern bedanke Dich bei ihnen. Sofern es Dir gelingt, Dich liebevoll bei jedem Deiner Gefühle zu bedanken, befreist Du Dein wahres Sein Schritt für Schritt und es wird Mitgefühl in Dir entstehen. Mitgefühl ist die Gnade, die Du erhältst, wenn es Dir gelingt, die Verurteilungen abzulegen. Mitgefühl ist absolute Wertfreiheit – in jede Richtung. Wer im Mitgefühl lebt, lebt im Augenblick und darin befindet sich die tiefste Glückseligkeit. Genau dieses Gefühl gilt es im Alltag zu leben – egal, ob Du gerade meditierst, etwas arbeitest oder Nahrung zu Dir nimmst. Trainiere immer und immer wieder zu dem tiefsten Punkt in Deinem Körper zu gehen; dies bringt Dich zu Deinem wahren Selbst. Flüchte nicht vor dem, was sich Dir zeigen mag, indem Du meinst, keine Zeit für solche Übungen zu haben. Wir sagen Dir in aller Deutlichkeit, dass auch dies für Menschen eine Sache des Trainings ist. Doch nimm es leicht und mit kindlicher Neugierde und Freude. Die geistige Welt unterstützt Dich immer, sofern Du sie darum bittest. Bitte darum, dass Dir die Zeit gegeben wird, die Du dafür brauchst und beginne in ganz kleinen Schritten.

Mitgefühl ist wie die Blume des Lebens. Sie strahlt und blüht und erfreut sich aus sich selbst heraus und erfreut somit alles was ist.

Mitgefühl schenkt Dir Leichtigkeit und Frieden. Es hilft Dir, Deinen Geist zu klären und zu nähren.

Habe auch Mitgefühl für Dich selbst, gerade dann, wenn Du meinst, noch jemanden verurteilt zu haben oder evtl. noch verurteilst. Je besser es Dir gelingt, für Dich selbst und Dein Verhalten Mitgefühl zu empfinden, wird es Dir bei Deinen Mitmenschen automatisch viel leichter gelingen. Gerade Menschen, die sehr unglücklich sind – egal, ob bewusst oder unbewusst – hilfst Du am besten, wenn Du für sie Mitgefühl empfindest. Das brauchst Du nicht auszusprechen. Es genügt, wenn Du es tief in Dir, in Deinem Herzen ganz ehrlich empfindest.

Trotzdem ist es wichtig, dass Du achtsam mit Dir selbst bist. Denn damit wollen wir nicht sagen, dass Du Dir alles hier gefallen lassen sollst. Es kann für Dich durchaus wichtig sein, Dich auch mal von Personen oder Situationen zu distanzieren um neue Entwicklungsmöglichkeiten zu bekommen. Doch das darfst Du ruhig auch aus dem Mitgefühl heraus machen und nicht aus Wut oder Ohnmacht oder Verurteilung. Die Liebe zu Dir ist hier immer ein kostbarer Wegweiser. Sorge gut für Dich und schütze Dich auch vor allem, was Dir nicht gut tut. Doch erkenne bitte den Unterschied zwischen „flüchten" und „Dich selbst schützen". Sobald Du einen Lernprozess gemeistert hast, gibt es keinen Grund mehr, Dich weiterhin in einer Situation aufzuhalten, die Dir nicht gut tut, denn Du sollst ja gut für Dich sorgen. Solltest Du allerdings aus einer schwierigen Situation flüchten, obwohl Du den Lernprozess noch nicht erkannt und durchlaufen hast, wird er auf einem anderen Weg und meistens noch deutlicher wieder zu Dir kommen. Darum nimm die Situationen, die Dir das Leben bietet, bewusst und dankbar an.

Je mehr Du bei Dir selbst bist und im Augenblick lebst, umso deutlicher erkennst Du Deine eigene Wahrheit und wirst sie immer bewusster leben – egal, was die Menschen um Dich herum sagen. Vertraue Dir selbst, denn Du bist das Licht, die Liebe und die Wahrhaftigkeit.

Geliebtes Sein,

Du bist hier auf diesem Planeten um die Welt zu verändern.

Erkenne die Großartigkeit und die unendlichen unbegrenzten Möglichkeiten Deines wahren Seins!

Erlebe die Göttlichkeit hier auf Erden und verbinde die Dimensionen.

Du schaffst eine Zusammenführung der unterschiedlichen Energien und es entsteht Transformation in Dir und dann durch Dich für die Welt und auch das Universum.

Werde Dir Deiner wahren Größe noch viel bewusster und es geschieht Heilung.

Licht ist unendlich und unbegrenzt im Universum.

Du bist das Licht der Liebe und alles, was Dir an „Dunkelheit" begegnet und sich Dir in den Weg stellt, wird durch Dein Sein geheilt und in Licht transformiert.

Sei Dir dessen immer tiefer bewusst, dass Du nur durch Dein Sein bereits einen wichtigen Teil Deiner Aufgabe erfüllst.

Licht tut nichts – es ist einfach, und dadurch wird es hell.

Deine Liebe in Dir

Neues Bewusstsein

Geliebte Erdenkinder, das neue Bewusstsein beginnt immer mehr zu leben. Seid Euch darüber im Klaren, dass nichts Schlimmes geschehen wird wovor Ihr Euch fürchten müsst. Eine Zeit der Liebe und des All-Eins-Seins entsteht gerade. Alles, was in der Natur gesund wachsen möchte, braucht seine Zeit, und mit der Erweiterung Eures Bewusstseins ist es genauso – auch das benötigt Zeit. Eine Epoche der gelebten Liebe, des Mitgefühls und besonders des tiefen Wissens, dass wir alle Eins sind und nie getrennt waren, sondern uns lediglich getrennt fühlten, hat bereits begonnen. Je mehr es Euch gelingt, die Verbundenheit und die daraus empfundene tiefe Liebe zu leben, ganz natürlich zu leben, umso vertrauter wird Euch die Energie des neuen Bewusstseins.

Unsere Seele will hier auf Erden tiefe Empfindungen erleben, und sie bewertet nicht nach gut und schlecht. Die Vergangenheit war sehr geprägt mit Kriegen, Machtkämpfen, Gier etc. Die Lehren daraus waren u. a. Zielstrebigkeit, Kampfgeist, Durchsetzungsvermögen, Eigenständigkeit und vieles mehr. Diese tiefen Erfahrungen hat die Seele bereits gemacht. Darum dürfen jetzt neue tiefe Empfindungen erlebt werden. Dazu gehört insbesondere tiefe bedingungslose und wertfreie Liebe zu allem was ist zu leben sowie das Wissen darüber, dass wir alle miteinander verbunden sind. Die Beziehung zu Deiner Dualseele – egal ob sie inkarniert ist oder nicht – soll Dir helfen in dieses Gefühl des Eins-Seins und der bedingungslosen Liebe zu kommen, damit Du das auf Erden immer leichter leben kannst. Die irdische Begegnung mit seiner Dualseele ist dafür ein sehr intensives Training. Dazu kommt auch noch die Hingabe der Beziehung in die Hände Gottes und das tiefe Vertrauen, dass mit den beiden Dualseelen-Partnern genau das geschieht, was für den Göttlichen Plan vorgesehen ist und der Weiterentwicklung des Bewusstseins dient. Eine kostbare Aufgabe!

Folgendes Gebet kann Dir helfen leichter in das Vertrauen zu kommen:

Lieber Gott, lass mich mit jedem Atemzug beten, dass ich mich voll Vertrauen in Deine göttliche Führung begebe und den Mut habe, voll Freude und Liebe den Weg zu gehen, den Du mich führst. Darum bitte ich Dich aus tiefstem Herzen und danke Dir dafür. Amen.

Je mehr es Dir gelingt, voll Liebe, Dankbarkeit und Freude und dem bewussten Gefühl der Verbundenheit mit allem was ist, Dein Leben zu führen, umso leichter entwickelst Du Dich in das neue Bewusstsein.

Was bedeutet es für Dich, in dem neuen Bewusstsein zu leben?
Spüre hin und nimm wahr, was Deine Seele Dir sagt. Dann habe den Mut, genau das zu tun, was Du als Information von der geistigen Welt bekommst, denn das ist Dein Weg, ist Deine anstehende Entwicklung.

Du hast alles in Dir, geliebtes Erdenkind, vertraue Deiner Herzensstimme. Sie führt Dich ins Licht.

Lebe Dein Leben aus der tiefen Verbundenheit zu allem was ist. Spüre die Lebendigkeit der Blumen und Pflanzen, nimm die Seele der Tiere bewusst wahr und höre ihre Botschaft, erkenne die Liebe der Göttlichkeit in Dir und in jedem Menschen und im ganzen Planeten. Sei geduldig und wertschätzend mit Dir selbst und Deinen Fortschritten und bedenke dabei, dass alles, was in der Natur gesund wachsen möchte, seine Zeit braucht. Darum gib auch Du Dir die Zeit für Dein gesundes Wachstum in ein neues Bewusstsein. Beginne bei Dir selbst, Dich nicht mehr zu verurteilen, wenn Du etwas hättest besser machen können. Verurteilen und bewerten ist nicht schwer, denn das haben die Menschen über lange Zeit gut trainiert. Jetzt geht es darum wertfreie und bedingungslose Liebe und das Gefühl der Einheit mit allem was ist zu leben und damit diese neue Energie hier auf Erden zu manifestieren. Da ist es doch eine gute Startposition, bei Dir selbst zu beginnen. Und je besser es Dir gelingt, liebevoll mit Dir umzugehen, umso leichter wird es Dir dann auch gelingen, dieses Gefühl auf Deine Umwelt zu übertragen. Unsere Unterstützung und Gottes Segen begleiten Dich auf Deinem Weg der Liebe, auf Deinem Weg ins Licht der Liebe.

Unterschiedliche Wahrheiten

Es ist eine hohe Schule der spirituellen Weisheiten hier auf Erden. Das reine Christus-Licht in allem was ist, allem was Dir begegnet, zu erkennen bedarf eines tiefen Vertrauens. Dualseelen, die sich hier auf Erden wieder finden, haben oftmals noch einige Lernschritte zu nehmen, die sie sich nur gegenseitig lehren können. Da die tiefe Liebe der beiden so intensiv ist, ermöglicht es jedem, auf Themen zu kommen, die sich sonst nicht zeigen würden. Das sind Themen, die für die Entwicklung der gesamten Menschheit unglaublich wichtig sind. Jetzt geht es nicht darum, in eine Opferrolle zu fallen und dadurch negative Energien zu produzieren, sondern vielmehr ganz genau zu schauen, was zeigt mir die Situation. Wir beobachten, dass oftmals gerade durch die Innigkeit, die nicht oder noch nicht gelebt werden kann, viel Verständnislosigkeit und Ratlosigkeit entsteht und darum möchten wir hier noch Blickpunkte geben.

Eine der wichtigsten Lern-Aufgaben in diesem Leben ist es anzuerkennen, dass es völlig in Ordnung ist, wenn Menschen unterschiedliche Meinungen bis hin zu tiefen inneren Wahrheiten haben. Stell Dir vor geliebtes Wesen, das diese Zeilen liest, Du bist fest davon überzeugt und spürst tief in Deinem Herzen, dass Deine Dualseele und Du für dieses Leben als Paar bestimmt seid und Ihr dieses Leben Seite an Seite meistern sollt. Deine innere Wahrheit ist, dass Ihr beide Euch das auch so für dieses Leben vorgenommen habt, um durch Eure gelebte Liebe eine gemeinsame Aufgabe zu erfüllen. Du bist fest davon überzeugt, dass gerade jetzt dafür auch der richtige Zeitpunkt ist. Dein Dualseelen-partner hingegen ist sich absolut sicher, dass dies keinesfalls sein darf, sondern es vielmehr darum geht, diese Begegnung zu würdigen, die innigen Gefühle ganz schnell wieder los zu lassen und weiterhin den gewohnten Weg in diesem Leben zu gehen, da genau das von der geistigen Seite so gewollt ist. Das ist die tiefe innere Wahrheit Deines Dualseelenpartners.

Nun – welche innere Wahrheit ist die Richtige? Welche kommt tatsächlich von der göttlichen Quelle und welche ist vom Ego, von den Ängsten oder auch Wünschen? Was habt Ihr tatsächlich für dieses Leben vereinbart? Warum seid Ihr Euch denn nun begegnet und habt Euch erkannt? Fragen über Fragen beschäftigen Dich.

Erkenne, dass es keine richtigen und keine falschen inneren Herzens-wahrheiten gibt!

Wenn Du so fühlst, wie Du es fühlst und von Deiner inneren Wahrheit überzeugt bist, dann bleib bitte unbedingt Dir und Deiner inneren Wahrheit treu. Das ist ganz wichtig. Respektiere Dich mit all Deinen Gefühlen. Doch erwarte nicht, dass es „nur" Deine Wahrheit gibt. Es darf sein, dass Dein Dualseelenpartner eine andere innere Wahrheit hat und er tut gut daran, ihr treu zu bleiben. Es bedarf eines tiefen Bewusstseins, dies anzuerkennen und zu leben. Gerade bei so einer innigen Verbindung wie einem Dualseelenpaar ist das eine gigantische Herausforderung mit diesen gegensätzlichen Wahrheiten in Frieden zu sein und sich gegenseitig aus tiefstem Herzen genau dafür zu respektieren.

Es ist ein unglaublich wichtiger Lernprozess für den Frieden auf diesem Planeten, dass die Menschen achten und respektieren können, dass andere Menschen andere Überzeugungen haben und diese nicht bewerten, sondern sich gegenseitig Respekt dafür geben. Wichtig dabei ist, die eigene innere Wahrheit nicht anzuzweifeln, sondern auch zu respektieren. Überdenken dürft Ihr natürlich gerne Eure innere Wahrheit und auch prüfen, ob es wirklich die Herzenswahrheit ist, oder ob sich das Ego eingeschlichen hat. Und es darf auch eine Offenheit für eine Veränderung Deiner jetzigen inneren Wahrheit sein. Die neue Energie wirkt auch in Dir – geliebtes Kind.

Wenn das den Menschen gelingt, dass nicht jeder für seine Meinung Recht haben muss, ist ein Quantensprung zum Frieden erreicht. Und genau das will im neuen Bewusstsein gelebt werden. Dualseelen, die mit ihren unterschiedlichen Wahrheiten in Frieden mit sich kommen, schaffen damit die Basis für einen besonders respektvollen und wertschätzenden Umgang zwischen den Menschen in der neuen Zeit. Es kann durchaus sein, dass ein Dualseelenpaar erst noch diese Aufgabe zu erfüllen hat, diese Energie in das kollektive Bewusstsein geben darf, bevor sie wirklich ihr Leben und ihre tiefe Liebe gemeinsam leben können. Es kann auch sein, dass die gemeinsame Aufgabe darin bestand, genau diesen Beitrag für den Frieden zu leisten.

Erkenne, wie wichtig es ist, dass gerade ein Dualseelenpaar sich dessen bewusst ist, dass es unterschiedliche Wahrheiten geben darf und wirklich darum bittet, dieses Bewusstsein zu leben. Die beiden haben so eine starke gemeinsame Energie, die sich über die ganzen Verbindungen, die zwischen uns allen bestehen, ausbreitet. Dadurch kommen Eure tiefen Erkenntnisse nicht nur zu Euch, sondern sie setzen die Energie frei, die es den Menschen leichter ermöglicht, gegensätzliche Meinungen wertfrei zu respektieren und trotzdem in der Liebe zueinander zu bleiben. Denn genau das ist eine Aufgabe der Dualseelen, vorzuleben: Es darf sein, dass Ihr unterschiedliche gegensätzliche innere Herzenswahrheiten habt. Diese gilt es sich selbst und auch dem Partner gegenüber zu respektieren und trotzdem in einer tiefen Liebe zueinander zu bleiben. Eure tiefe verbindende Liebe soll im Herzen immer ihren Raum haben und fließen dürfen – egal, was im Außen ist. Bedenke bitte, dass das nicht nur für Dich ein wichtiger Schritt zu immer liebevollerem Sein ist, sondern dass Du damit auch Deinen Mitmenschen auf ihrer Reise zu sich selbst energetisch hilfst. Sei in Deiner Liebe und in Deiner tiefen Dankbarkeit über die verbindende Energie, die Du spüren darfst. Wenn Du sie auch noch gemeinsam leben kannst, wunderbar. Und wenn noch nicht, dann bleibe bitte in Deinem Vertrauen, dass alles, wirklich alles sich nach dem göttlichen Plan entwickelt und Du Dein Einverständnis genau für diese Erfahrung gegeben hast.

Folgendes Gebet kann Dir helfen:

„Ich bitte um die Kraft und die Weisheit, meiner inneren Wahrheit treu zu bleiben und zu respektieren, dass es zum gleichen Thema aus der göttlichen Quelle noch eine andere innere Wahrheit, die ganz gegensätzlich sein kann, geben darf. Bitte hilf mir zu vertrauen, dass genau das jetzt seine Richtigkeit hat und Gottes Wille ist. Lass mich in meiner Liebe ruhen und dadurch bereit sein für meine Aufgabe. Ich bitte um eine Lösung zum Wohle aller. Was immer es auch sein mag, ich danke Dir, lieber Gott für Deine Führung und Liebe. In Deine Hände lege ich voll Vertrauen und in demütiger Hingabe meine ganze Seele mit all unserer innigen verbindenden Liebe. Was auch geschehen mag, ich vertraue Dir und bleibe in meinem tiefen Frieden. Amen."

Ich bin in tiefstem Frieden mit allem was ist.

Die göttliche Führung wirkt durch mich und dieses Wissen gibt mir Kraft.

Aus diesem Vertrauen heraus fällt es mir leicht anzunehmen, dass es unterschiedliche Wahrheiten gibt, denn alles ist Liebe.

Gott ist Liebe.

Liebe heilt.

Geld und das neue Bewusstsein

Stell Dir vor, die Menschen hätten ihre Egostrukturen und Machtkämpfe in Liebe und Frieden verwandelt, so dass es nicht mehr notwendig wäre, dass es auf dieser Erde Geld gibt. Diese Vorstellung mag jetzt erst mal etwas befremdlich für Dich sein, doch lass Dich bitte darauf ein, den Gedanken mit uns gemeinsam weiter zu verfolgen.

Wie wäre es, wenn jeder aus der Liebe heraus genau das tun würde, was ihn einfach glücklich macht? Und es wäre für alle alles ausreichend vorhanden und jeder könnte sich einfach nehmen, was er braucht, denn so sieht es der schöpferische Plan vor.

Das würde natürlich auch bedeuten, dass das Bewusstsein der Menschen so weit entwickelt ist, dass sie nicht mehr alles Mögliche brauchen um sich gut zu fühlen, denn sie sind mit sich im Reinen und in der Liebe. Somit bräuchte es gar nicht mehr so viele Produkte, weil die ganzen Frustkäufe und Ersatzbefriedigungs-Käufe und Prestige-Gegenstände wegfallen würden. Darüber hinaus würden die Menschen einfach sehr wertschätzend mit den Ressourcen der Natur umgehen und einfach viel weniger verbrauchen.

Stell Dir vor, es würde kein Geld mehr geben – wie viel Arbeit würde da wegfallen? Es bräuchten keine Rechnungen mehr geschrieben werden, keine Buchhaltung gemacht werden, keine Lohnabrechnungen, Steuererklärungen etc. Wie viel Zeit würde das den Menschen schenken, wenn der ganze selbst gemachte Verwaltungsaufwand einfach wegfallen würde? Das würde doch bedeuten, dass die Menschen dann endlich auch Zeit hätten, das zu tun, was sie wirklich glücklich macht und Produkte erzeugen, die aus der Herzensenergie heraus produziert werden. Es würde auch bedeuten, dass die Menschen Zeit zum Reisen, zum Meditieren, zum Sein in der Natur, zum Sport usw. hätten. Die ganzen Stresskrankheiten würden wegfallen – was für ein Fortschritt wäre das?

Natürlich würde es viele Berufe wie z. B. Finanzbeamte, Buchhalter, Steuerberater etc. nicht mehr geben, doch dafür bringt das neue Bewusstsein ganz wunderbare neue Aufgaben hervor, die von den Menschen gerne übernommen werden.

Das Bewusstsein der Menschen wäre dann auch so weit gereift, dass es für jeden klar ist, dass er in der Gemeinschaft auch einen Beitrag zu leisten hat und dies auch sehr gerne und mit Freude übernimmt. Und egal, was er für einen Beitrag leistet, es wird genau das sein, was für die Gemeinschaft wichtig und wertvoll ist und seine Mitmenschen wertschätzen. Es würde auch niemand verurteilt werden, wenn er einfach mal eine Auszeit braucht und eine gewisse Zeit nur nimmt.

Lass diese Gedanken in Dir wirken und beginne Dich damit anzufreunden. Wir verstehen gut, dass das anfangs regelrecht unvorstellbar sein kann. Doch wir wissen, dass es Euer Weg in absehbarer Zeit sein wird. Darum tut Ihr gut daran, diese Vorstellung sehr bald zu verinnerlichen und Euch damit zu beschäftigen.

Doch wichtig ist, dass Ihr in der Zeit, in der es das Geld noch gibt, bewusst und wertschätzend damit umgeht. Doch haltet nicht daran fest, sondern öffnet Euch, dass es auch hier eine positive Veränderung geben darf.

Dieser wunderbare Planet Erde ist so konzipiert, dass für alle so gesorgt ist, dass Ihr alle im Paradies leben könnt. Durch den Aufstieg in die neue Dimension kommt Ihr diesem Paradies immer näher und immer mehr Menschen werden hier genau in diesem Gefühl leben.

Je intensiver Du an Dir und Deinen Themen gearbeitet hast und es Dir inzwischen gut gelingt, mit Dir und allem was ist, in wirklichem tiefen Frieden zu sein, umso präsenter wird Dein Leben hier wie im Paradies sein. Du erschaffst Dir nämlich Dein Paradies auf Erden selbst, indem Du in Deiner Ganzheit, Deiner Liebe und Wertschätzung zu allem was ist lebst. Die Vereinigung mit Deiner Dualseele unterstützt nicht nur Dich ganz enorm in diesem Prozess, sondern trägt auch die gemeinsame Energie immer näher an diese Lebensqualität heran.

Öffne Dich in tiefer Hingabe der neuen Energie, dem neuen Bewusstsein. Bitte täglich um die Öffnung Deines Herzchakras um die göttliche Liebe in Dich und durch Dich fließen zu lassen – zum Wohle aller. So sei es!

Wir-Gefühl

Eine der wichtigsten Aufgaben für das neue Bewusstsein ist, sich nicht mehr nur mit sich selbst zu identifizieren. Eure Seelen durften tiefe Erfahrungen auch dadurch machen, dass Ihr Euch hier sehr mit Eurem Körper identifiziert habt und ein starkes Ego trainiert habt. Das war gut und wichtig um viel zu erfahren, zu lernen und zu reifen. Ihr habt das wunderbar gemeistert.

Doch nun kommt eine neue Energie mit neuen Aufgaben zu Euch. Dazu ist es notwendig, alte Energien, alte Strukturen, Glaubenssätze und Überzeugungen liebevoll und dankbar ins Universum gehen zu lassen. Sie waren Euch wertvolle Begleiter und haben ihren Job gut gemacht.

Ein großes und kostbares Geschenk des neuen Bewusstseins ist ein Gefühl des All-Eins-Seins. Was würde es bedeuten, wenn Ihr tatsächlich in diesem Gefühl des All-Eins-Seins hier auf diesem wunderschönen Planeten leben würdet?

Es bräuchte sich niemand mehr einsam und alleine fühlen, weil er sich der Verbindung zu Allem-was-ist bewusst ist. Es gäbe kein Gefühl der Trennung mehr und es gäbe kein Gefühl des Eingeengtseins mehr, weil diese selbst gesetzten Grenzen überwunden sind. Alle damit verbundenen Ängste können sich in Liebe und Vertrauen verwandeln.

Somit darf das Licht in Euch immer heller scheinen, Frieden und Freiheit gelebt werden und ein neues Wir-Gefühl entstehen. Das Wissen über ein kollektives Bewusstsein darf immer intensiver gelebt werden. Es ist der Weg ins Licht.

Stell Dir vor, die Menschen schaffen es aus einer tiefen Eigenliebe heraus, weg vom ICH und hin zum WIR-Gefühl zu kommen. (Übrigens sind wir fest davon überzeugt, dass diese Entwicklung geschieht, da es bereits viele Menschen gibt, die in dieser Energie schon leben und sich dadurch diese neue Energie leichter hier auf Erden manifestieren kann.) Das würde doch bedeuten, dass Ihr Eure wahre Natur der Göttlichkeit ganz wertfrei und liebevoll leben werdet. Euch ist bewusst, dass Ihr weder von der göttlichen Quelle getrennt seid – es auch nie wart – und mit allen Menschen, Tieren, der Natur, Mutter Erde und dem ganzen Universum verbunden seid. Bräuchte es dann noch Kriege, Machtkämpfe, Lug und Betrug? Sicher nicht, da Euch bewusst ist, dass alles, was Ihr tut, Euch selbst betrifft.

Außerdem wird Euch die neue Energie der Liebe, Gemeinsamkeit und Freude Heilung für diese alten Denkstrukturen bringen. Es ist ein Prozess, in dem Ihr bereits mitten drin seid. Die einen sind bereits durchgegangen und bereiten einen Lichtweg für alle, die noch auf dem Weg sind.

Alles ist gut, so wie es gerade ist und entwickelt sich genau nach dem göttlichen Plan. Vertrauen und freudige Hingabe in den Schöpfungsprozess sind wichtige

Attribute des neuen Bewusstseins. Die noch nicht aktiven Stränge Eurer DNA werden immer mehr aktiviert, so dass Ihr bald über Euer ganzes göttliches Potenzial verfügen könnt. Darum ist es so wertvoll, wenn Ihr immer wieder in Euer Herz geht, die Energie dort spürt und dann um die Öffnung für das neue Bewusstsein bittet und für jeden Schritt des Prozesses dankbar seid.

Je bewusster Du den Weg in die neue Zeit gehst, umso leichter darf es geschehen. Hab Vertrauen – es erwarten Dich Freude, Heilung, Frieden, Liebe und Licht.

Spüre die Liebe zu Deiner Dualseele, spüre sie voll tiefster Dankbarkeit und nähre dieses Gefühl. Es ist die Energie der neuen Zeit. Die Liebe zu Deiner Dualseele und die Verbundenheit, dieses wunderschöne Gefühl des EINS-SEINS sind die Qualitäten, die das neue Bewusstsein den Menschen schenkt. Die tiefe Liebe zu Deiner Dualseele hat Dich trainiert, diese tiefe bedingungslose Liebe zu allem was ist empfinden zu können. Sei dankbar, dass Du diese Energien bereits kennen und spüren darfst. Sie helfen Dir, Deine Aufgabe in der neuen Dimension zum Wohle aller zu erfüllen. Du hast eine große und wertvolle Aufgabe, die sich Dir immer deutlicher zeigt, je mehr Du aus Deiner Liebesenergie in dieses Verbundenheitsgefühl mit Allem-was-ist gehst. Oftmals senden wir Dir einen Impuls, der Dich an diese tiefe Liebe und Verbundenheit zu Deiner Dualseele erinnert. Gönne es Dir immer wieder diesem Impuls in Dir nachzugeben, Dich für die neue Energie zu öffnen und zu spüren, was das mit Dir macht. Tiefer Frieden wird sich in Dir ausbreiten. Tiefes Vertrauen und eine unbeschreibliche Klarheit dürfen sich zeigen und Dich begleiten. Die liebevollen Gefühle zu Deiner Dualseele heben Dich regelrecht in die 5. Dimension; sie sind unendlich kostbar. Sei Dir bewusst, dass Du mit Deinem Sein und Wirken einen Lichtweg für Deine Mitmenschen bereitest. Erkenne unsere Führung in jedem Deiner Schritte und gehe voll Vertrauen in Richtung Licht. Bedenke:

Du bist und warst nie alleine, und wirst auch niemals alleine sein!

Ich bin erfüllt mit tiefer Liebe und tiefem Frieden.

Die Freude am Leben schenkt mir ein Lächeln und Strahlen direkt aus meinem Herzen.

Leben – du wunderbares göttliches Geschenk.

Erfüllt mit Weisheit und Klarheit darf ich hier meinen Weg mit Liebe und Freude gehen.

Das ist mein spiritueller Beitrag zur Erhöhung der Schwingung auf diesem Planeten und zur Erhöhung des Bewusstseins der Menschen.

Welch' Gnade, das tun zu dürfen.

Indem ich aus diesem heiligen Wissen, aus dieser spirituellen Weisheit heraus meine Aufgabe hier mit Liebe und Freude meistere, segne ich alles und jeden, der mit mir diesen Weg geht und mir begegnet. So öffnen sich die Herzen der Menschen immer mehr und sie erkennen, dass die Liebe ihr wahres Sein ist. Sie erkennen das Göttliche in sich und in jedem Menschen, jedem Tier, der Natur und dem ganzen Planeten.

Sie spüren immer deutlicher, dass wir alle zusammen aus der gleichen „Quelle" kommen, dass wir alle zusammen verbunden sind.

Sobald dieses Gefühl in den Herzen und Köpfen der Menschen bewusst gelebt wird, herrscht Frieden, freudiger liebevoller Frieden auf Erden.

Lass Dein Licht hell leuchten und habe den Mut Dich in der Liebe, Deinem wahren Sein zu erkennen.

Die tiefe Liebe, die Du für Deine Dualseele empfindest, ist Dir ein wertvoller Nährboden um diese tiefe Liebe und Verbundenheit für alles was ist empfinden zu lernen.

Möge Dich Gottes Segen auf Deinem Weg begleiten.

In Liebe

Machtdenken verwandeln in Liebe und Frieden

Die Liebe ist die stärkste Macht in diesem Universum, denn sie ist unser aller wahres Sein. Das Wort Macht ist in Eurem Wortschatz meist sehr negativ belegt. Jemand möchte über andere Macht ausüben, sich Mensch und Tier und idealerweise das ganze Universum untertan machen.

Sofern es immer mehr Menschen gelingt, die Energie des neuen Bewusstseins positiv zu nutzen um die eigene Schwingung zu erhöhen, umso leichter wird das kollektive Bewusstsein mit all der neuen Energie und den Werten der neuen Zeit genährt werden.

Die so genannten „Machthaber" sind genauso mit Dir und auch mit uns verbunden. Somit erreicht auch sie diese neue Energie. Sie sind allerdings oftmals so sehr in ihren Verhaltensmustern verstrickt, dass sie von uns allen viel Liebe und Licht bekommen sollen um damit leichter in Resonanz gehen zu können. Je tiefer es den Menschen bewusst ist, dass sie alle miteinander verbunden sind, umso logischer wird es ihnen sein, dass es nicht möglich ist, negative Macht über andere auszuüben ohne sich selbst dabei zu schaden. Es ist ein Miteinander und kein Gegeneinander, das gelebt werden möchte. Das Ganze nennt sich Frieden.

Die Liebe ist die stärkste Macht und diese darf immer mehr leben. Das geschieht auch bereits. Es ist ein Prozess, in dem wir alle mitten drin sind. Sofern die Menschen es mit ihrem wunderbaren Planeten Erde schaffen (und das werdet Ihr), sich auf die neue Schwingung, die neue Frequenz einzustellen, in dem sie die Werte des neuen Bewusstseins (wir gehen später noch detaillierter darauf ein) immer mehr leben, wird das eine gigantische Weiterentwicklung für das ganze Universum bringen. Ihr seid alle so unsagbar kostbar und wichtig. Jeder einzelne von Euch! Mach Dir das bitte immer wieder bewusst, geliebtes Erdenkind:

Du bist unendlich kostbar, wichtig und immer geliebt!

Spüre die Verbundenheit zu Deinen Mitmenschen, zu jedem Gegenstand, jedem Tier, jeder Pflanze und dem ganzen Planeten. Genau genommen ist das Wort „Umwelt" falsch, weil es Dich von dem um Dich herum trennt. Und dem ist nicht so. Alles ist miteinander verbunden – sei Dir dessen immer tiefer bewusst. Eigentlich müsste es „Mitwelt" heißen, denn damit wäre das Miteinander, die Verbundenheit besser ausgedrückt.

Alles ist Schwingung – der Mensch, die Tiere, die ganze Natur sind sichtbar gewordene Schwingung und der Klang ist hörbar gewordene Schwingung. Doch alles ist Schwingung und miteinander verbunden. Vielleicht hilft Dir dieser Gedanke, diese Verbundenheit leichter wahrnehmen und annehmen zu können.

Erkennst Du, wie wichtig es ist, dass Du mit Dir selbst in tiefem Frieden und in einer bedingungslosen Liebe bist? Denn dann fällt es Dir leicht, mit der Liebe und dem Frieden der überall in jeder Zelle gespeichert ist, in Verbindung zu kommen. Das ist ein einfaches Resonanzgesetz. Versuche es immer mehr zu beachten.

Je mehr diese Liebe und der Frieden fließen dürfen, umso leichter haben es die neuen Frequenzen der Liebe, des Lichts und des Friedens, sich hier zu manifestieren. So entsteht das neue Bewusstsein Schritt für Schritt. Ihr seid alle mitten drin.

Diese Frequenz erreicht auch die stärksten alten Verhaltensmuster und Machtstrukturen und wird sie meist sanft, manchmal allerdings auch recht heftig auflösen, um Raum für die neue Energie zu schaffen. Nehmt dies freudig und dankbar an, da Reinigung und Heilung geschieht. Möge tiefes Vertrauen in die Macht der Liebe Euch auf Eurem Weg begleiten.

Die Werte für die neue Zeit, für das neue Bewusstsein

Erkenne die Werte für das neue Bewusstsein. Wir schauen uns die wichtigsten Werte gemeinsam an, damit Du Deine Aufmerksamkeit dafür sensibilisierst und diese Werte immer mehr in Dein Leben integrieren kannst. Vielleicht möchtest Du Dir erst mal nur die Überschriften anschauen und Dir selbst Notizen machen, was die einzelnen Werte für Dich und für Dein Leben bedeuten. Stell Dir auch die Frage, wie Du genau das immer mehr leben kannst und dann tue es.

Gelebte bedingungslose Liebe und Selbstliebe

Liebe kennt keine Bedingungen; Liebe wertet nicht, denn Liebe ist alles was ist.
Beginne bei Dir selbst, Dich so zu lieben, wie Du bist, mit all Deinen Ecken und Kanten und mit all Deinen positiven Eigenschaften. Denn das bist Du und Gott hat Dich genau so erschaffen und wollte sich durch Dich genau so erfahren. Du hast viel in Deinem Leben erlebt. Situationen, die Dich stolz und dankbar machen und auch Erlebnisse, an die Du nicht gerne denkst, weil sie Dich traurig stimmen oder Dir peinlich sind. All das gehört zu Deinem Leben. Es gilt alles liebevoll anzunehmen, so wie es war und zu erkennen, was sich aus scheibar negativen Erlebnissen trotzdem Positives für Dich daraus entwickelt hat, um mit Dir und Deinem Leben in Frieden zu sein. Dann öffne Dich der neuen Energie der reinen bedingungslosen Liebe. Sei Dir bewusst, dass es das Natürlichste für Dich ist, denn das bist Du, es ist Dein wahres Sein.

Erkenne die bedingungslose Liebe als Deine wahre Natur an und wertschätze dieses Bewusstsein. Nun gehe einen Schritt weiter und erkenne, dass alles um Dich herum aus der gleichen Quelle entstanden ist und somit dessen wahre Natur auch die reine bedingungslose Liebe ist. Erkenne es und versuche, Dir diese Wahrheit immer mehr bewusst zu machen. Wenn Du einem anderen Menschen begegnest, erinnere Dich an seine wahre Natur. Erinnere Dich ebenso daran, wenn Du ein Tier oder eine Pflanze siehst, in der Natur bist oder einfach Deinen Alltag meisterst. Spüre in Dein Herz, was dieses Bewusstsein mit Dir macht. Versuche Deinen Alltag aus dem Gefühl der reinen bedingungslosen Liebe zu leben, und zwar so gut es Dir eben gelingt. Sei offen dafür, dass es Dir täglich besser gelingen möge. Gehe mit einem offenen Herzen durch Dein Leben und sei dankbar für das, was Dir dieses wunderbare Leben schenkt.

Vertrauen

Vertraust Du Dir selbst – geliebtes Kind?
Hast Du das Selbstvertrauen, dass Du auf Deine innere Stimme hören kannst und das tun kannst, was Dir Deine innere Stimme sagt? Es gehört viel Mut dazu, auf sein Herz zu hören. Doch wir sagen Dir, dass Dein Herz ganz genau weiß, was Dein Weg hier ist. Auch wenn er unkonventionell ist, so ist es doch

das Leben, das Deine Seele hier erfahren möchte. Lerne die Stimme von Deinem Ego von der Stimme Deiner Intuition, Deines Herzens zu unterscheiden. Das gelingt Dir am leichtesten, je mehr Du in Dein Herz spürst und dort nach einer Antwort suchst. Bitte deine geistigen Helfer und Deine Engel immer um Schutz und Führung, so fällt es Dir leichter, auf die Stimme Deines Herzens zu vertrauen. Es geht nicht darum leichtsinnig zu sein, sondern das Vertrauen in Dich und Deine innere Wahrheit zu stärken, damit Du die göttliche Weisheit für Dich wahrnehmen und zum Wohle aller leben kannst.

Dieses kleine Gebet wird Dir helfen, Dein Vertrauen zu stärken:

„Lieber Gott, bitte wirke Du durch mich – ich vertraue Dir und somit mir, und dafür bin ich dankbar."

Wertfreiheit

Wie oft bewertest Du das, was Dir in Deinem Leben widerfährt?
Das ist gut, das ist schlecht, das ist schön, das ist hässlich, das ist wunderbar, das ist unmöglich – also wie kann man sich nur so verhalten....

Viele Religionen lehren folgende Weisheit: „Es ist wie es ist." Das ist Wertfreiheit. Es ist wie es ist. Nicht mehr und nicht weniger.

Natürlich wirst Du sagen, dass es ja schließlich viel zu bewerten gibt und damit hast Du völlig Recht. Doch wichtig ist, mit welcher Energie Du etwas bewertest und ob Du die Dinge so annehmen kannst, wie sie sind. Das neue Bewusstsein soll Euch deutlich mehr Liebe, Freude und Harmonie schenken. Darum wäre es schade, mit negativen Bewertungen die Energie niedrig zu halten. Statt sich über irgend etwas, das Du nicht mehr ändern kannst, aufzuregen, wäre es da nicht viel sinnvoller anzunehmen, dass es so ist, wie es jetzt eben ist? Sei Dir bewusst, dass Du mit Deiner Energie immer mehr davon in Dein Leben ziehst. Das heißt, wenn Du Dich über etwas lange ärgerst, setzt Du diese Energie frei und bist regelrecht ein Empfänger für neue Situationen, die Dir die gleiche ärgerliche Energie wieder bescheren. Möchtest Du das? Sicher nicht. Darum mache Dir bewusst, was Du mit Deinen Reaktionen hervorrufst. Wenn Du etwas ändern kannst, dann tue es mit Liebe, Freude und Begeisterung. Und wenn Du etwas nicht ändern kannst, ärgere Dich maximal nur ganz kurz darüber und sieh zu, dass Du mit dem Satz: „Es ist wie es ist." in Deine Wertfreiheit kommst, damit Du Dich wieder auf die Energie einstellen kannst, die Du wirklich in Deinem Leben haben möchtest.

Das neue Bewusstsein hat ein viel feineres Energieniveau, was bewirkt, dass sich Deine Gedanken viel schneller realisieren als bisher. Darum bitten wir Dich zu erkennen, wie wichtig Wertfreiheit in Deinem Leben ist. Sei auch hier liebevoll zu Dir selbst und verurteile Dich nicht, wenn Du gerade einmal wieder dabei bist etwas sehr negativ zu bewerten und Dich darüber aufzuregen. Nimm Dich mit diesem Gefühl liebevoll an und sei dankbar, dass Du diese Reaktion erkannt hast, denn dann kannst Du sie bei nächster Gelegenheit immer leichter verändern. So wirst Du immer bewusster und wertfreier und ziehst immer liebevollere Energien in Dein Leben. Das wünschen wir Dir von Herzen.

Respekt

Respekt ist nichts Unterwürfiges, sondern eine Grundvoraussetzung um Dein Leben zu meistern und Deine Seelenaufgabe zu erfüllen. Beginne wieder bei Dir selbst: Respektierst Du Dich so wie Du bist? Kannst Du Dir selbst Achtung entgegenbringen? Nur, wenn Dir das selbst gelingt, kannst Du von Deinen Mitmenschen erwarten, dass sie mit Dir respektvoll umgehen.

Wenn Du Dich selbst aus tiefstem Herzen respektieren kannst, weil Du Dich auch entsprechend verhältst, dann gelingt es Dir auf einer respektvollen offenen Herzensebene Deinen Mitmenschen, den Tieren und der Natur zu begegnen. Du hast bestimmt genügend Gründe, warum Du größten Respekt und auch Hochachtung vor Dir selbst haben kannst. Denke einfach mal darüber nach. Du bist ein Ausdruck Gottes.

Du erkennst den Sinn Deines Seins hier auf Erden immer mehr und leistest einen wertvollen Beitrag. Dir ist bewusst, was es bedeutet liebevoll und wertschätzend zu leben. Sind das alleine nicht schon gute Gründe, warum Du Dich selbst absolut respektieren kannst? Dann mache Dir bitte bewusst, dass alle anderen Menschen, Tiere, die ganze Natur auch ein Ausdruck Gottes sind. Grund genug, alles was ist zu respektieren.

Vertritt ruhig weiterhin Deine Meinung und teile diese auch mit. Doch mache es mit Respekt zu Dir und zu Deinem Gegenüber. Wenn Du von Herz zu Herz kommunizierst, wird Dir das ganz automatisch gelingen. Und mit dem Bewusstsein, dass alles ein Ausdruck Gottes ist, sollte Dir ein respektvoller Umgang sehr leicht fallen, da dieser ganz natürlich ist.

Freude

Die Freude entspricht Deinem wahren Sein und ist etwas ganz Natürliches. Denke an ein Baby, das vor Freude über das ganze Gesicht grinst. Oder an junge Tiere, die vergnügt miteinander spielen. Bedenke, wie Dich Blumen, ein herrlicher Blick vom Berg oder das Spielen mit den Wellen im Meer erfreuen. Wenn Du achtsam bist, erkennst Du ganz leicht, dass Freude überall enthalten ist. Erlaube Dir, Freude zu empfinden und zu leben. Und dann teile diese Freude mit Deinen Mitmenschen. Freude ist im positiven Sinne ansteckend – und das ist gut so.

In der geistigen Welt wird pure Freude am Sein gelebt. Das steckt auch in Dir – erkennst Du das? Nähre die Felder um Dich herum mit Freude und habe viel Spaß in Deinem Leben.

Es gibt ein wunderbares Lied von Klaus Nagel, dessen Text Dir helfen kann in die Freude zu kommen:

„Singe bis Deine Seele Flügel bekommt.
Tanze bis Dein Körper schwebt.
Trommle bis Du eins bist mit dem Herzschlag der Erde."

Wenn Du das tust, wirst Du die Freude erkennen, die in Deiner Seele und in jeder Deiner Körperzellen gespeichert ist. Das neue Bewusstsein wird von der Freude getragen. Darum beginne gleich damit, die Freude ganz bewusst in Dein Leben einzuladen und zu Deinem treuen Begleiter zu machen. Erfreue Dich auch über Dein Wissen und die Verbindung zu Deiner Dualseele.

Die Freude die Du lebst, lässt die Engel im Himmel voll Glückseligkeit tanzen und singen. Ihr Menschen habt viele traurige, freudlose und schwierige Zeiten bereits durchlebt. Diese Erfahrungen habt Ihr bereits gemacht. Darum lasst es damit jetzt gut sein und konzentriert Euch auf das, was Euch Freude schenkt. Ihr dürft Freude leben – zum eigenen Wohle und zum Wohle aller.

Was für eine wunderbare Energie kommt mit der gelebten Freude auf die Erde und ins Universum. Wir danken Dir!

Leichtigkeit

Glaubst Du, dass Dir dieses Leben geschenkt wurde, damit Du es schwer hast? Natürlich waren manche Lernprozesse sicher nicht angenehm und alles andere als leicht – ganz klar. Deine Seele wollte ja tiefe Erfahrungen machen. Doch die Zeit der Schwere und der Opferhaltung ist mit dem neuen Bewusstsein vorbei. Das wurde alles ausgiebig gelebt und erfahren. Jetzt geht es darum, die Aufgaben des neuen Bewusstseins, der neuen Zeit mit Freude und Leichtigkeit zu erleben. Damit ist nicht Faulheit gemeint. Lerne Dich mit jedem Atemzug mit Deinem wahren Sein zu verbinden und damit zu identifizieren, so dass Dein göttlicher Teil sich in diesem Leben ausdrücken und erfahren darf. Sofern Du Dir darüber im Klaren bist, dass Du ein göttliches Wesen bist, das hier einen wunderbaren Körper hat und Du um Deine göttliche Führung bittest, wird dieses Leben voll Leichtigkeit erfüllt sein. Das ist eine wichtige Qualität des neuen Zeitalters und für Dich ein wunderbarer Maßstab, denn wenn Du Dich „im Fluss fühlst", geht Dir alles wirklich leicht von der Hand. Das neue Bewusstsein braucht keine Egospielchen und Rechthabereien mehr. Erlaube es Dir, dass es in Deinem Leben ab sofort leicht gehen darf und Du Dich Deiner göttlichen Führung anvertraust. Leiste auch gerne Deinen Beitrag, damit es für Deine Mitmenschen leicht sein darf. Damit ist nicht gemeint, ihnen ihre Lernprozesse abzunehmen, sondern sie mit den Informationen und guten unterstützenden Gedanken zu versorgen, die Du ihnen gerne und offenen Herzens geben kannst. Und dann freue Dich für Deine Mitmenschen, wenn sie ihr Leben gut und mit Leichtigkeit meistern. Bestärke sie darin und ermutige sie auf diesem Weg weiter zu gehen.

Dieses Leben ist Dir gegeben, damit Du viel lernen und erfahren darfst. Doch WIE Du lernst und Deine Erfahrungen sammelst, liegt in Deiner Hand. Vielleicht magst Du Dich ja für Liebe, Freude und Leichtigkeit entscheiden?!

Mitgefühl

Über das Mitgefühl haben wir in diesem Buch bereits geschrieben. Doch wir möchten es auch nochmals gerne an dieser Stelle erwähnen, weil es die neue Zeit ganz entscheidend mit prägt. Es gilt ja immer mehr anzuerkennen, dass wir alle – sowohl die irdische als auch die geistige Welt – EINS sind. Je besser Dir das gelingt, Dich mit allem was ist verbunden zu fühlen, umso leichter wird es Dir fallen, aus dem Verurteilen und Bewerten heraus zu kommen und tiefes Mitgefühl zu empfinden. Wenn Du beginnst die Härte und die Bewertungen, die Du Dir und auch anderen gegenüber oftmals gelebt hast in Liebe gehen zu lassen, kann sich ganz von alleine die andere Seite der Medaille zeigen, nämlich das Mitgefühl.

Mitgefühl kannst Du nicht nur empfinden, wenn gerade jemand etwas Schweres durchlebt, sondern Du kannst auch mit ihm fühlen, wenn er glücklich ist, Freude an seinem Leben hat und sein Licht aus tiefstem Herzen erstrahlen lässt. Auch das ist Mitgefühl. Sofern Du Mitgefühl lebst, wirst Du automatisch ganz achtsam und sehr wertschätzend mit Dir, Deinen Mitmenschen und dem ganzen Planeten umgehen. Mitgefühl ist auch eine Facette der Liebe. Doch bitte unterscheide gut zwischen Mitgefühl und Mitleid!

Mitleid ist weder für Dich noch für irgend jemand anderen gut. Denn wenn Du jemanden bemitleidest, erkennst Du nicht die Göttlichkeit in ihm, die sehr wohl weiß, was für diese Seele gerade die richtige Lebenserfahrung ist. Darum sei achtsam, wenn Du merkst, dass Du mit jemanden mitleiden möchtest. Wandle das Gefühl lieber in Liebe und Achtung für seine Entwicklung. Wenn Du um Hilfe gebeten wirst, kannst Du natürlich entscheiden zu helfen – ganz klar. Doch das Mitleid übergib bitte der geistigen Welt zum Transformieren. Wir danken Dir.

Weisheit - Intuition

Wissen und Weisheit sind zwei ganz unterschiedliche Themen. Wissen kannst Du Dir über Deinen Verstand aneignen und Weisheit ist eine göttliche Eigenschaft, die in allem lebt. Jede Pflanze trägt Weisheit in sich, jedes Tier, jeder Stein und auch jeder Mensch, jede Fee, jeder Engel, jedes Einhorn – einfach alles, was ist. Weisheit ist auch etwas, das uns alle miteinander verbindet.

Das neue Zeitalter fordert Dich auf, Dich immer mehr an Deine uralte tiefste innere Weisheit zu erinnern, Dich dazu zu bekennen und zu leben. Es gilt auch, sich diese alte Ur-Weisheit wieder zu erarbeiten, sie wieder ins Leben zu integrieren. Dazu zählen all die alternativen Heilmethoden über Kräuter, Klänge, Berührung, gute Gedanken, Kraftorte, die Energie der Gemeinschaft, gemeinsame Rituale usw.

Auch die Kraft der Gedanken und die Telepathie ist alte Weisheit. Sofern Du Dich für die Weisheit öffnest, wird sie sich Dir Stück für Stück zeigen. Du wirst sie deutlich in Deinem Herzen als Deine Wahrheit spüren und Dich in einem für Dich guten Tempo erinnern. Bestimmt werden Dir auch die richtigen Menschen begegnen, die Dich auf Deinem Weg zu Deiner Weisheit unterstützen können. Denke immer daran: Wenn Du um Deine göttliche Führung bittest, wird sie Dir zuteil.

Es wird für Dich auch immer normaler werden, dass Du auf Deine Intuition hörst und nicht nur auf Deinen Verstand. Die Intuition spürst Du ja im Herzen; lerne darauf zu vertrauen und Deinen Verstand zu beauftragen, das, was Deine Intuition Dir sagt, ins Leben zu bringen. Dafür ist er nämlich da. Wenn Herz und Verstand zusammen arbeiten, wird Großartiges geschehen! Wenn es Dir gelingt, wirklich auf Deine Weisheit im Herzen zu hören und das auch zu leben, dann bist Du Dir selbst treu. Dir selbst treu zu sein, egal was die gesellschaftlichen Prägungen und Verpflichtungen dazu sagen ist wahre Treue. Dieses Wort wurde in der „alten Zeit" meist missbraucht, da es immer um die Treue zum Partner ging, dass man ihm treu sein muss – egal, ob man sich dabei selbst belügt. Das ist im neuen Bewusstsein wieder richtig gestellt. Natürlich darfst Du gerne Deinem Partner treu sein, doch wahre Treue zu Deinem Partner bzw. Deiner Partnerin besteht darin, dass Du in erster Linie Dir und Deiner Herzenswahrheit treu bist!

Spüre zu Deiner Dualseele hin – sofern Ihr Euch zu Eurer Einheit bekannt und vereint habt, ist Treue eine ganz natürliche Qualität in Euch. Sie ist da wie Euer Herzschlag; es besteht kein Zweifel und Du brauchst Dir auch keine Gedanken darüber machen. Diese Herzensqualität darf immer mehr Energie und Aufmerksamkeit bekommen, denn sie ist eine wichtige Facette des neuen Bewusstseins. Darum sei Dir und Deiner Herzenswahrheit treu. Das ist gelebte Weisheit.

Sanftheit

Kannst Du Dir vorstellen, dass die Sanftheit eine ganz natürliche Verhaltensweise ist, wenn Du in Deiner Mitte ruhst, das Göttliche in Dir, in Deinen Mitmenschen und in allem was ist erkennst? Wenn Du liebevoll mit Dir umgehst und die Verbundenheit spürst, kannst Du mit Dir und Deinen Mitmenschen nur sanft und liebevoll umgehen. Lass die Liebe durch alle Deine Zellen und Körper fließen, dann wirst Du liebevoll denken, sprechen und handeln. Mit Sanftheit meinen wir nicht Laschheit, sondern den Umgang, der sich aus einem liebevollen Sein ganz natürlich ergibt. Eine gesunde Sanftheit erfordert allerdings auch Klarheit. Darum kommen wir gleich zum nächsten Thema.

Klarheit

Wenn sich die Schleier der Illusion lichten und Du immer mehr erkennen darfst, was dieses Leben für ein wunderbares Geschenk ist und Du Dein wahres Sein hier im Leben bewusst lebst, dann hast Du Deine Klarheit. Sie macht es Dir leicht, Dein Herz nicht nur zu öffnen und offen zu halten, sondern auch die Gnade und göttlichen Gaben zu empfangen.

Je bewusster Du Dir Deines göttlichen Wesens bist und je klarer Dir die geistigen und irdischen Zusammenhänge sind, umso mehr Freude wird Dir dieses Leben machen. Wenn Klarheit, Liebe und Struktur (die dieses Leben einfach erfordert) vorhanden sind, zeigt sich die Freude ganz von alleine. Erkennst Du, wie diese einzelnen Werte zusammenhängen? Was Dir dabei ganz enorm hilft, ist die Dankbarkeit bzw. die Wertschätzung.

Dankbarkeit und Wertschätzung

Die Dankbarkeit und Wertschätzung sind der Schlüssel zum Glücklichsein, und Glücklichsein ist Dein Geburtsrecht. Denke bitte immer daran. Gerade in der neuen Zeit wird es eine wesentliche Rolle spielen, wie sehr Du Dankbarkeit und Wertschätzung (nimm bitte das Wort, das Dir hier besser gefällt) in jedem Augenblick lebst. Es geht nicht darum, ständig innerlich DANKE DANKE DANKE zu sagen und Dich dabei auf die Knie zu werfen. Nein! es geht um das Gefühl der tiefen Wertschätzung für alles was ist. Dieses Gefühl der Wertschätzung soll wie der Atemstrom zu Deinem Leben gehören und Dich durch das Leben tragen.

Erlaube Dir selbst, Dich auf Händen tragen zu lassen und sei mit liebevoller Wertschätzung erfüllt. Lebe auch Deinen Mitmenschen vor, dass es wunderbar ist, so ein begnadetes Leben zu führen. Egal, wie viel materiellen Reichtum Du in Deinem Leben hast, es geht hier um den inneren Reichtum, den Du in Dir trägst und durch Dein Bewusstsein annehmen und ins Leben bringen darfst. Das liegt in Deiner eigenen Verantwortung. Aus unserem Buch „Dualseelen und die Kostbarkeit ihrer Energie für das Jahr 2012" kennst Du ja bereits die Aufgabe mit der Dankbarkeitsübung. Erinnerst Du Dich? Wie intensiv machst Du diese Übung noch? Vielleicht möchtest Du ja jetzt eine kurze Pause machen und Dir notieren, wofür Du gerade heute dankbar bist und was Du in Deinem Leben wertschätzt. Du kannst Dir auch gleich ganz klare Ziele stecken, wem Du heute Deine Wertschätzung entgegenbringen möchtest und was Du konkret dafür tun wirst. Wir wünschen Dir viel Freude dabei.

Gemeinsamkeitsgefühl, Verbundenheit

Du weißt ja inzwischen, dass Du mit allem was ist verbunden bist. Doch kannst Du das auch in jedem Moment wirklich schon annehmen? Es ist völlig in Ordnung, wenn das noch nicht geht; erlaube es Dir, Dich in dem für Dich richtigen Tempo dahin zu entwickeln.

Das Wissen um Deine Dualseele und die Liebe zu Deiner Dualseele haben Dir dieses Gemeinsamkeitsgefühl gezeigt und Dich tief spüren lassen. Anfangs war das eventuell ein Chaos, doch je mehr es Dir gelingt, in Deiner inneren Herzensliebe, Deiner natürlichen Harmonie zu sein, umso mehr kann sich der tiefe Frieden in Dir ausbreiten. Das ist eine gute Basis um dieses Gemeinsamkeitsgefühl, diese Verbundenheit, die Du mit Deiner Dualseele erfahren durftest, jetzt auszudehnen. Ja, es ist ein ganz besonders tiefes und inniges Gefühl und es darf immer mehr gelebt werden.

Diese Energie, die Du mit Deiner Dualseele lerntest, darf sich nun in der neuen Zeit immer mehr ausbreiten und manifestieren. Die tiefe Liebe zu Deiner Dualseele war die Vorbereitung auf die große Seelenverschmelzung, die uns auf dem Weg ins All-Eins-Sein allen noch bevorsteht. Erkennst Du, wie wichtig es ist, mit Dir selbst in tiefem Frieden zu sein und Dich selbst bedingungslos zu lieben? Erkennst Du, wie wichtig die tiefen Gefühle zu Deiner Dualseele sind? Es ist alles eine Vorbereitung und ein Training auf das gemeinsame Ankommen im Licht. Das neue Zeitalter ist geprägt von diesen liebevollen Qualitäten und wird uns in Situationen bringen, wo wir genau all das leben dürfen, damit sich diese Energie ausbreitet.

Dein Beitrag ist hier von großer Bedeutung; genauso wie der Beitrag von jedem anderen Wesen, welches in Liebe erwacht und seinem wahren Sein immer mehr Raum gibt. Darum bitten wir Dich, Deine tiefen Gefühle der Liebe als etwas sehr Kostbares wertzuschätzen und sie fließen zu lassen. Es ist die Energie der neuen Zeit. Lenke Deine Aufmerksamkeit immer wieder auf die Verbundenheit zu Deiner Dualseele und erlaube Dir, dass sich dieses Gefühl aus Dir, aus Euch heraus ausdehnt und immer mehr Wesen um Euch herum in Liebe mit aufnimmt. Das ist der Prozess zum All-Eins-Sein und Du bist bereits mitten drin.

Gelebte Nächstenliebe

Aus dem Gemeinsamkeitsgefühl ergibt sich eine ganz natürlich gelebte Nächstenliebe, und zwar eine bedingungslose Nächstenliebe. Stell Dir ruhig die Frage, wie Du Deine Nächstenliebe leben kannst, doch erzwinge nichts. Lass es fließen, denn Nächstenliebe ist aus dem Verbundenheitsgefühl heraus etwas, das von alleine geschehen möchte. Deine Aufgabe besteht darin, die Nächstenliebe, die gelebt werden möchte, nicht zu unterdrücken, sondern den Mut zu haben, das zu tun, was Dein Herz Dir sagt. Das kann manchmal einfach nur ein Lächeln sein, eine freundliches Wort, ein kleines Präsent, eine Umarmung oder jemandem einfach bei seiner Arbeit helfen.

Was auch immer – achte darauf, dass Du das, was Du tust, von Herzen gerne machst. Überlege auch, wie Du die Nächstenliebe nicht nur in Deinem nahen Umfeld, sondern auch über die Grenzen hinaus leben kannst. Gibt es z. B. ein Entwicklungshilfe-Projekt, das Du mit einem kleinen Beitrag unterstützen möchtest? Oder vielleicht möchtest Du Deine Arbeitskraft einfach mal eine gewisse Zeit für einen sozialen Zweck zur Verfügung stellen. Kannst Du etwas von Deinen Sachen mit jemandem teilen, der es gut gebrauchen kann? Bedenke: An Güte gibt es kein Übermaß, und es liegt an Dir, wie gütig Du sein kannst, ohne Dich selbst zu vernachlässigen, und in welcher Form Du Deine Nächstenliebe leben möchtest. Mache Dir einfach mal in Ruhe darüber Gedanken und beginne Dir wieder ganz konkrete Ziele genau dafür zu stecken. Erfüllung wird Dein Lohn sein.

Harmonie

Schwinge Dich auf Deine Herzensfrequenz ein, dann bist Du in Deiner natürlichen Harmonie. Jetzt wirst Du Dir sicher die Frage stellen, wie Du das machen sollst – nicht wahr? Beginne damit, Dir darüber im Klaren zu sein, dass alles im Leben, alles im gesamten Universum Schwingung ist und einer göttlichen Ordnung unterliegt. Das ist eine wichtige Erkenntnis, die Du brauchst um darauf aufbauen zu können. Erinnere Dich, dass Dein natürlicher Seinszustand Harmonie ist, weil Du aus der Schwingung der Liebe heraus erschaffen wurdest und die Liebe mit allem was ist in völliger Harmonie ist. Das bist Du – geliebtes Kind auf Erden. Versuche die Klänge in der Natur immer bewusster wahrzunehmen und die Harmonie dahinter zu spüren. Mache Dir bewusst, dass Du mit der Atmung automatisch in Kontakt mit der Atmung von Mutter Erde bist, Deiner Sonne bist, verbunden bist mit allem was ist.

Alles-was-ist, ist die Harmonie der Liebe.

Erlaube Dir, diese Facette Deines Seins zu leben. Nimm Deine Unruhe und Disharmonie immer und immer wieder in Dein Herz, damit sie sich in Harmonie verwandeln kann. Natürlich kannst Du auch schauen, ob Du mit einer Situation in Deinem Leben nicht in Harmonie bist. Wenn dem so ist, dann erinnere Dich an das wunderbare Gebet: „Lieber Gott, lass mich ändern was zu ändern ist, dankbar annehmen, was nicht zu ändern ist und lehre mich, das eine vom anderen zu unterscheiden."

Und dann tue genau das: Ändere was Du ändern kannst, und das was nicht zu ändern ist, nimm in liebevoller Dankbarkeit an. Dadurch entsteht Harmonie und Frieden in Dir. Es ist sowohl ein wundervoller Dienst an Dir und Deinem Seelenwachstum, als auch am kollektiven Bewusstsein. Denn das, was Du für Dich in Harmonie verwandelst, bewirkt auch im kollektiven Bewusstsein ein Mehr an harmonischer Energie, und das wirkt sich u. a. so aus, dass Deine Mitmenschen es leichter haben mit sich und ihren Themen in Harmonie zu kommen.

Ein wichtiger und sehr hilfreicher Schritt ist, dass Du mit Dir und Deiner Dualseele und der Situation, wie Ihr in diesem Leben zueinander steht, absolut in Harmonie bist. Eure Gefühle, die Ihr füreinander empfindet, fließen um ein zigfaches potenziert in das ganze System ein. Darum nimm dankbar an, was Euch beiden geschenkt wird – egal, was es ist. Lebe gerade hier die Form der Liebe, die dankbar annimmt und vertraut, dass die göttliche Führung genau weiß, was sie mit Dir vor hat und alles zum richtigen Zeitpunkt geschieht, was geschehen soll. Meditiere mehrmals am Tag:

„Ich bin in Deiner göttlichen Liebe geborgen und geführt, und dafür bin ich dankbar."

Freizeit

Das neue Bewusstsein wird es Dir ermöglichen, dass Du Dir vorrangig all die Zeit nehmen kannst, die Du für Dich und alles, was Dir wichtig ist, brauchst. Darüber hinaus wird es sich immer mehr so entwickeln, dass es keine „Arbeit" im bisherigen Sinne mehr geben wird. Es wird so sein, dass die Menschen erkennen, dass sie einen Beitrag gerne und aus ihrer Herzensenergie heraus leisten dürfen.

Es werden Aufgaben sein, die jeder wirklich gerne und zuverlässig übernimmt. All das hat zur Folge, dass es diese trennende Grenze zwischen Arbeit und Freizeit nicht mehr geben wird. Das neue Bewusstsein wird nach und nach all die Trennungen auflösen, damit die liebevolle Einheit gelebt wird. Beginne schon heute damit, Dich mit dieser Vorstellung anzufreunden.

Beginne schon heute damit, alles was Du tust aus einer liebevollen Energie heraus zu machen, und zwar so gut es Dir eben gelingen mag. Sei geduldig mit Dir selbst, und sei dankbar, dass Du einen liebevollen Beitrag für Deine Mitmenschen und für Mutter Erde und auch für die geistige Welt leisten darfst.

In seiner Aufgabe sein

Je mehr Du Dir Deines wahren Seins bewusst bist, umso leichter wirst Du Deine Seelenaufgabe sowie Deine Lebensaufgabe hier erkennen. Das kann z. B. sein, Licht und Liebe in die Welt zu bringen, oder Freude und Lachen zu leben oder Innovationen in die Welt zu bringen, die das Leben erleichtern, Wissen zu vermitteln oder was auch immer. Es ist wichtig, dass Du immer wieder tief in Dein Herz gehst um hier klar zu erfahren, was Deine Aufgabe ist. Denn dann ist der nächste Schritt Dir Dein Leben so einzurichten, dass Du sowohl beruflich als auch privat in Deiner Aufgabe sein kannst.

Erinnere Dich: Die neue Energie löst die Trennungen auf, so dass Du Deine Aufgabe in allen Lebensbereichen lebst, weil es keine Trennung mehr zwischen den Bereichen geben wird. Alles verschmilzt zu einem freudigen Sein in dem das Leben gefeiert wird. Ein guter Maßstab ist die Freude, die Liebe und die Leichtigkeit um sicher zu sein, dass Du in Deiner Aufgabe bist. Wenn Du in Deinem Leben mit Liebe, Freude und Leichtigkeit erfüllt bist, dann bist Du in Deiner Aufgabe.

Wenn sich zwei reife Dualseelen hier auf Erden begegnen, so haben Sie auch eine gemeinsame Seelenaufgabe für dieses Leben. Aus der gemeinsamen Energie heraus kann eine in Liebe vereinte Dualseele unglaublich Wertvolles für die Stabilität der neuen Energie beitragen. Ihre Liebe und Kraft ist so stark, dass sie dem ganzen Planeten hilft, sich liebevoll in die neue Energie einzuschwingen. Alleine das ist eine wichtige Aufgabe, die ein vereintes Dualseelenpaar durch ihre gelebte Liebe erfüllt. Sofern die Vereinigung noch nicht stattfinden konnte – warum auch immer, so bitten wir Dich, geliebtes Erdenkind, Deine tiefe Liebe und Verbundenheit mit Deiner Dualseele tief im Herzen als Deine innere Wahrheit zu leben und sie fließen zu lassen. Glaube uns, dass Du alleine damit Deinen wertvollen Teil zu Eurer gemeinsamen Aufgabe beiträgst. Die Liebe trägt Dich durch dieses Leben – jetzt und in alle Ewigkeit.

Hohe ethische Werte

Was sind Deine ethischen Werte? Gibt es etwas, das Du an Deinem Verhalten noch verbessern kannst? Wenn ja, dann tue es einfach. Und wenn nicht, hinterfrage Dich ruhig, ob Du die goldene Regel wirklich lebst. Sie besagt: „Behandle andere so, wie Du behandelt werden möchtest. Ganz unabhängig davon, wie sie Dich behandeln." Das neue Bewusstsein hilft Dir ganz natürlich aus einem liebevollen Herzen zu handeln. Doch für die Übergangszeit – die für jeden zu einem unterschiedlichen Zeitpunkt stattfinden wird – ist es hilfreich, sich immer wieder selbst zu hinterfragen und zu prüfen, inwieweit Du selbst schon die Werte der neuen Zeit lebst. Die Liebe zu Deiner Dualseele hilft Dir auch hier eine gute Basis zu haben. Damit meinen wir, dass Du Deiner Dualseele nie etwas Schlechtes antun würdest – nicht wahr? Du empfindest eine tiefe Liebe für sie, und diese Liebe darfst Du immer mehr ausdehnen. Dabei passiert es wieder von alleine, dass Du hohe ethische Werte lebst. Doch je bewusster Du Dir darüber bist, umso mehr Energie fließt in das System ein.

Gesundheit

Geliebtes Wesen hier auf Erden, in Deinem Ursprung bist Du völlig gesund! Kannst Du das glauben? Gesundheit ist Dein natürliches Sein und das, wohin Du Dich immer mehr wieder entwickeln wirst, sofern Du das möchtest.

Unterscheide bitte 2 „Arten" von Kranksein: Es gibt Seelen, die hier auf der Erde die Erfahrung von körperlicher oder geistiger Krankheit machen wollen und damit auch ihren Beitrag leisten, damit andere Seelen sich als Helfer, Heiler, Pfleger etc. verwirklichen können. So ist es der Wunsch der Seele, sich hier ganz intensiv mit dem Thema Krankheit zu beschäftigen. Dies gilt es absolut zu respektieren und keinesfalls Gott dafür verantwortlich zu machen, weil er so viel Leid auf diese Welt bringt.

Die zweite Art von Krankheiten habt Ihr Euch durch Euer Leistungsdenken, durch das Abwenden von der Natur, durch Eure extreme Überforderung, durch all die Chemie und Umweltverschmutzung, durch mangelnde Bewegung und unnatürliche Lebensweisen u. v. m. selbst erschaffen. Damit hindert Ihr Euch selbst, die ursprüngliche Aufgabe und Erfahrung der Seele zu machen, und auch den Beitrag zu leisten, für den Ihr hier auf Erden inkarniert seid. Doch glaubt uns Ihr Lieben, die neue Energie und das neue Bewusstsein helfen Euch dabei, diese selbst erschaffenen Krankheiten zu heilen. Es sind viele sehr reife Seelen hier auf Erden, die für die Kollektivenergie viele Heilungsprozesse durchlaufen, die Euch allen dann zugute kommen.

Viele Lichtarbeiter hier sind derzeit mit Krankheiten konfrontiert, die größtenteils nichts mehr mit ihren eigenen Themen zu tun haben. Diese Menschen haben sich bereit erklärt, ihren Beitrag zu leisten um die Energie der Krankheiten in Heilung zu transformieren. Dabei begeben sie sich selbst nochmals – meist allerdings nur für kurze Zeit – in die Energie der Krankheit hinein, transformieren diese und öffnen dadurch ein Heilungstor. Durch dieses Heilungstor können die Menschen, die bereit sind von ihren Krankheiten los zu lassen, mit wenig Energieaufwand durchgehen. Die Bereitschaft und der tiefe Glaube an die eigene Gesundheit genügen meist um dieses Heilungstor zu durchschreiten. Vielleicht kannst Du Dir das mit dem Besteigen eines Berges vorstellen. Viele Menschen schaffen es mit der klaren Absicht, mit Freude und etwas körperlicher Anstrengung und der entsprechenden Kondition einen

Berggipfel zu erklimmen. Für andere Menschen ist das aus gesundheitlichen Gründen nicht machbar. Doch wenn es eine Seilbahn gibt und man „nur" bis zur Seilbahn gehen und einsteigen muss und dann am Berg evtl. noch ein kleines Stück bis zum Gipfel gehen braucht, dann ist das für die Menschen, die wirklich auf den Gipfel wollen, meist auch möglich. So ähnlich ist das mit dem Heilungstor zu verstehen. Diejenigen, die wirklich gesund werden möchte, schaffen es viel leichter, weil sie durch das Heilungstor gehen können, sofern sie es möchten.

Wenn Du noch Krankheiten in Dir trägst, dann nimm Dir Zeit um hinzuspüren, welche Botschaft die Krankheit für Dich hat. Und sie hat immer eine Botschaft für Dich, denn Dein natürlicher Seinszustand ist Gesundheit. Darum spüre zu Deinem Schmerz, zu Deiner Krankheit und frage nach, was sie Dir zu sagen hat. Wenn Du klar in Deinem Herzen spürst, dass Deine Seele diese Erfahrung machen möchte, dann gelingt es Dir auch mit Deiner Krankheit in liebevollem Frieden zu leben. Wenn es allerdings so ist, dass die Krankheit Dir etwas sagen möchte, dann muss sie auch so lange bei Dir bleiben, bis Du wahrgenommen hast, was sich in Deinem Leben ändern soll, UND bis Du es auch verändert hast. Wenn Du dann auch bereit bist, eine klare Entscheidung für Deine Gesundheit zu treffen und durch das Heilungstor gehst, wird sich Deine natürliche Gesundheit in Deinem Körper ausbreiten und ihn mit neuer Energie beleben können. Stell Dir ruhig vor, dass Du durch ein wunderschönes Tor mit hellem Licht und einer liebevollen Energie gehst.

Ganz wichtig ist, dass Du Dir Hilfe auf Deinem Weg zum Gesundwerden nimmst. Gehe ruhig zu guten Ärzten, Heilpraktikern, Geistheilern, Kräuterkundlern, Therapeuten etc. Doch entscheidend wird sein, was Deine klare Absicht ist und inwieweit Du bereit bist, die Botschaft Deiner Krankheit zu erkennen und die entsprechenden Veränderungen vorzunehmen. Durch das Heilungstor gehst Du mit all Deinen Schutzengeln und geistigen Wesen. Deine irdischen Helfer können Dich nur bis an das Tor begleiten. Hindurchgehen musst Du selbst. Spürst Du schon die freudige und liebevolle Energie die durch das Heilungstor zu Dir fließen möchte?

Sei Dir immer bewusst, dass Deine Seele in ihrem Ursprung heil ist. Allerdings hat sie in all der Zeit durchaus auch Verletzungen durch den oft großen Mangel an Selbstliebe erlitten. Darum ist es so wichtig, dass Du Dich wirklich aus Deinem tiefsten Herzen selbst liebst. Doch darauf sind wir schon eingegangen. In dem Buch „Dualseelen und die Kostbarkeit ihrer Energie für das Jahr 2012" ist bereits die Heilung der Urverletzung durch die Trennung der beiden Dualseelen erklärt und dass die Heilung über die Vereinigung der beiden noch getrennten Dualseelen geschieht.

Natürlichkeit

Was bedeutet für Dich Natürlichkeit?
Denke ruhig darüber nach, bevor Du weiter liest.

Das Natürlichste ist all das, was die Natur in ihrer unendlichen Liebe und Schönheit hervorbringt. Das Natürlichste sind auch die tiefen Gefühle in Deinem Herzen, denn es ist Deine Seele, die so zu Dir spricht.

In der Gesellschaftsform in der Ihr lebt, meine Lieben, beginnt die Natürlichkeit gerade erst wieder ganz langsam etwas Aufmerksamkeit zu bekommen. Wie war es denn all die langen Jahre? Ohne Schminke ging fast keine Frau mehr aus dem Haus, in Euren Häusern befinden sich jede Menge künstlich hergestellter unnatürlicher Baumaterialien und Möbel, sogar Eure Nahrung besteht zu großen Teilen aus künstlich hergestellten Geschmacksverstärkern, irgendwelchen Zusatzstoffen, damit alles möglichst lange haltbar bleibt usw. Wie viele Menschen können noch so richtig natürlich und von Herzen her laut lachen und sich wie ein kleines Kind freuen?

Vielleicht sagst Du jetzt: Na ja – ab einem gewissen Alter tut man das einfach nicht mehr.... Und genau das musstet Ihr so lange Zeit in Eurer unnatürlich gewordenen Gesellschaftsform leben. Doch das neue Bewusstsein bringt Euch auch wieder zu Eurer Natürlichkeit. Und da darf gelacht, gesungen und getanzt werden und das Leben jeden Tag gefeiert werden, denn so empfindet es Eure Seele. Ja, dieses Leben in diesen wunderbaren Körpern schenkt Euch allen so viel, was Ihr erfahren und erleben könnt. Grund genug, jeden Tag voll größter Freude zu leben.

Sei Dir einfach bewusst, dass Natürlichkeit wieder mehr Raum in Deinem Leben bekommen darf. Je mehr Du Dein Bewusstsein an die Energie der neuen Zeit ausrichten lässt, umso automatischer wird es Dich in die Natur ziehen und Du wirst Deine innerste Natürlichkeit mehr und mehr leben lassen.

Die tiefen Gefühle und die tiefe verbindende Liebe, die Dualseelen füreinander empfinden ist etwas absolut Natürliches. Dualseelen, die eine tiefe Eigenliebe leben, ihre eigenen Themen gut transformiert haben und es sich erlauben, als Paar dieses Leben zu erfahren, leben ganz automatisch in ihrer Natürlichkeit.

Sie lieben den anderen genau so, wie er ist, erfreuen sich aneinander, schenken sich ihre Aufmerksamkeit und Schönheit und gehen mit Liebe und Freude gemeinsam ihren Weg ins All-Eins-Sein. Das neue Bewusstsein wird unterstützt und genährt von gerade diesen Dualseelen, die sich zueinander bekannt haben und ihre tiefe heilbringende Liebe der Welt und dem ganzen Universum schenken. Diese gelebte Liebesenergie in all ihren Facetten bringt nicht nur diese beiden Menschen zum Leuchten, sondern erhellt den ganzen Planeten.

Das erleichtert allen, sich mit dieser Energie in Resonanz zu begeben und die eigene Liebe in sich zu stärken, zu vermehren und auszustrahlen. So kommen alle dem neuen Bewusstsein durch die Liebe immer näher und dies führt Euch in Eure ureigene Natürlichkeit, in die Schwingung Eurer göttlichen Seele.

Hingabe

Die Energie der neuen Zeit ist bereits aktiv und Du spürst sie schon sehr deutlich. Nun kannst Du Dich entweder dagegen wehren und an dem Alten festhalten, oder Du kannst Dich voll Vertrauen der neuen Energie, dem neuen Bewusstsein hingeben. Stell Dir vor, dass der Schöpfer Dich liebevoll und achtsam in seinen Händen trägt und Du trotzdem alle Freiheit hast zu tun, was Du möchtest.

Das neue Bewusstsein schenkt Dir so viel Liebe wie Du bereit bist anzunehmen. Öffne Dich der unendlichen Energie der göttlichen Liebe indem Du Dir genau das einfach zugestehst. Stell Dir vor, dass Dein Herz und Dein ganzes Wesen sich für die göttliche Liebe mit ihrem Christuslicht öffnen. Und dann gib Dich dieser liebevollen göttlichen Energie aus Licht und Liebe voll Vertrauen und Dankbarkeit hin. Versuche das immer und immer wieder kurz zu meditieren und erinnere Dich während des Tages daran, dass Du vom göttlichen Licht und der Liebe getragen bist.

Dich gegen die neue Energie, gegen das neue Bewusstsein zu wehren, wird Dich viel Kraft kosten und trotzdem nicht funktionieren. Du bist ein Kind Gottes, und Dich dieser Wahrheit zu entziehen bringt Dir nur Kampf. Darum glaube, was Dein wahres Sein ist und gib Dich der göttlichen Führung hin, so gut es Dir eben gelingt. Sei dabei sehr achtsam mit Dir und überfordere Dich nicht. Dein Herz wird Dir immer ein guter Ratgeber sein, denn es weiß genau, was für Dich richtig ist. Vertraue Dir selbst, somit vertraust Du Gott.

Dualseelen, die sich bereits begegnet sind und ihre eigenen Themen in Liebe transformiert haben, können sich der gegenseitigen Liebe im neuen Bewusstsein nicht mehr verwehren. Es ist ihr Seelenplan, die gemeinsame Energie den Menschen zu schenken. Darum dürfen auch sie sich – sofern noch nicht geschehen – voll Liebe und Vertrauen ihrer göttlichen Bestimmung hingeben. Das Wichtigste dabei ist, nichts zu verurteilen und zu bewerten. Alles entspricht dem göttlichen Plan und geschieht zum richtigen Zeitpunkt. Begib Dich voll Vertrauen in Gottes Hände.

Hingabe in liebevoller Demut bewirkt, dass Du Deine irdischen Bedürfnisse und gesellschaftlichen Verpflichtungen leicht loslassen kannst und Dich Deinen wahren göttlichen Wünschen und Aufgaben liebevoll zuwendest.

Die Göttlichkeit in Dir und in der ganzen Schöpfung anerkennen und daraus leben

Geliebtes Wesen hier auf Erden – erkennst Du die Göttlichkeit in Dir?
Erkennst Du sie in allen anderen Wesen?
Erkennst Du sie in der ganzen Schöpfung?

Atme in Dein Herz. Atme in den tiefsten Punkt Deines Herzens und spüre die göttliche Liebe. Erlaube Dir, dass sich diese göttliche Liebe in Deinem Herzen ausdehnt und mit ihr darf sich auch Dein Herz ausdehnen. Öffne Dein Herz und lass es immer größer und größer werden, damit sich Deine göttliche Herzensenergie in Deinem Herzen ausbreiten und vermehren kann. Stell Dir vor, wie sich Dein Herz mit Deiner göttlichen Liebe so weit ausdehnt, dass Dein ganzer Körper darin Platz hat und dann die Wesen um Dich herum mit allem was ist. Dehne Dein liebevolles Bewusstsein aus Deinem Herzen weiter und immer weiter aus, bis es das ganze Universum beinhaltet. Erkenne die Großartigkeit der Schöpfung mit jedem Atemzug in Dir an, finde Deinen Platz darin und dann lebe Dein Leben genau aus dieser Energie heraus. So ist es ein göttlicher Akt der Schöpfung und erfüllt all Dein Tun und Sein mit göttlicher Liebe und mit Christuslicht. So sei es!

Geliebtes Sein,

die Rosen erblühen in Deinem Herzen und verströmen ihren wunderbaren Duft.

Deine Augen glänzen und strahlen wie unzählige Diamanten.

Dein Licht strahlt hell und rein und erleuchtet alles was ist.

Erlaube Dir Deine Glückseligkeit zu leben, sie in die Welt zu tragen und zu den Menschen zu bringen.

Sie wollen Deine Botschaften hören.

Gib Deine Weisheit und Dein Wissen weiter.

Teile es!

Teile, was Dir zuteil wurde.

Spüre in Dein Herz, es zeigt Dir den Weg und beantwortet Dir alle Fragen.

Manifestieren aus dem Herzen

Erkenne, dass die Energie des neuen Bewusstseins Dir hilft, Deine göttlichen spirituellen Fähigkeiten zu leben, um damit zum Wohle aller beizutragen. Die Zeit des Versteckens Deiner Fähigkeiten ist vorbei. Das, was in Dir schlummert, was Du tief in Dir schon länger wahrgenommen hast, gilt es jetzt anzuerkennen und zu leben. Du hast all das in Dir, was Du für Deine Lebensaufgabe, für Deine Seelenaufgabe brauchst. Es ist wie eine Tulpenzwiebel: Sie hat auch alles in sich, um eine wunderschöne Tulpe zu werden. Du hast göttliche Fähigkeiten in Dir, die gelebt werden möchten und auch sollen. Bekenne Dich immer mehr dazu, was tief in Dir Deine Wahrheit ist. Du kannst mit der Kraft Deiner Vorstellung, mit der Macht Deiner Gedanken das manifestieren was dem göttlichen Plan entspricht und Du für die Erfüllung Deiner Lebensaufgabe hier benötigst. Gestehe Dir das zu! Denn das ist der erste Schritt, damit Du diese Kraft in Dir auch zum Wohle aller nutzen kannst.

Dazu ist es notwendig, dass Du mit Dir und allem was ist, wirklich aufrichtig im Reinen bist. Aus Deinem reinen Herzen der Liebe, kannst Du das erschaffen, was Dein Beitrag hier in diesem Leben ist. Sei Dir dessen einfach bewusst und nimm es so an.

Du hast schon genügend Werkzeuge und Informationen bekommen um mit Dir in tiefen Frieden kommen zu können. Spüre hin, wie weit Du mit dieser „Arbeit" bereits bist. Gelingt es Dir schon, mit den unschönen Situationen in Deinem Leben in Harmonie und Frieden zu sein? Schaue tief in Dein Herz, ob jetzt noch was da ist, was in liebevoller Dankbarkeit transformiert werden möchte. Wenn noch ein Gefühl wie z. B. sich alleine zu fühlen, wertlos zu fühlen etc. da ist, so bedanke Dich bei dem Gefühl und übergib es in Liebe an die geistige Welt oder an Deine Engel zur Transformation. Es darf ganz leicht und auch schnell gehen. Es ist nicht mehr nötig, sich immer und immer wieder damit zu beschäftigen. Das war noch vor Jahren wichtig, doch die neue Energie schwingt immer mehr und intensiver in Dir, so dass es nun mit dem bewussten Erkennen Deiner Themen, mit der Dankbarkeit für das, was sich für Dich daraus Wertvolles entwickelt hat sowie dem liebevollen Übergeben zur Transformation erledigt sein darf. Triff hier eine klare Entscheidung und dann ist es auch weg. Vielleicht magst Du es damit vergleichen, wenn Du Dich von einem Mantel trennst, den Du lange Jahre hattest. Sobald Du ihn in die Altkleidersammlung oder sonst einer wohltätigen Einrichtung gegeben hast, ist er weg. Er hatte Dir gute Dienste erwiesen und nun hast Du entschieden, Dich von ihm zu trennen um Platz für was Neues zu haben. Du kannst nach wie vor dankbar sein, dass Dich der Mantel in all den Jahren gut gewärmt hat und darüber lachen, dass Dir die Farbe nie wirklich gefallen hat. Wie auch immer – das ist vorbei und der Mantel ist weg! Freue Dich auf das, was jetzt kommt und freue Dich über das, was bereits da ist.

Im Prinzip kannst Du das mit den Themen, die Dein Herz noch belasten wirklich genau so sehen. Erkenne was Dich belastet, wenn es etwas ist, dass Dir sagt, dass Du etwas verändern sollst, dann tue es bitte und finde eine Lösung dafür; und wenn es alte Glaubenssätze, Gefühle etc. sind, dann bedanke Dich bei ihnen und übergib sie in Liebe der geistigen Welt und dann ist es auch gut damit.

Wir brauchen Dich rein und ohne alten Ballast aus der Vergangenheit. Die Energie des neuen Bewusstseins hilft Dir und ermöglicht Dir, dass es leicht geht. Bleib in Deinem Vertrauen, doch schaue Dir auch ganz ehrlich an, was Dich auf Deinem Weg noch einschränkt, damit Du es ändern kannst.

Sobald Du Dich von dem, was Dich noch belastet hat, befreit hast, beginne Dir darüber klar zu werden, was Dein wahres Sein ist: Die Liebe, mit all ihren Fähigkeiten und Qualitäten.

Gott ist Liebe, reine Liebe. Und Du bist ein Ausdruck dessen. Bringe Deine reine Liebe der Welt und dem ganzen Universum indem Du aus Deinem reinen Herzen lebst.

Folgende Übung soll Dich täglich begleiten um Dir zu helfen leichter und bewusster aus Deinem liebevollen Herzen zu denken, zu sprechen und zu leben:

Konzentriere Dich auf Deine Atmung. Solange Du hier lebst atmest Du. Über die Atmung bist Du immer mit der geistigen Welt in tiefer Anbindung. Wenn Du Dir nur dieser Tatsache bewusst bist, bist Du schon viel näher an Deinem wahren Sein und an Deiner Intuition. Über die bewusste Atmung intensivierst Du die Verbindung zu allem was ist, bist noch präsenter im All-Eins-Sein und somit auch bei Deiner Dualseele.

Nun gehe bewusst mit liebevoller Absicht in Dein Herz und spüre ganz tief in den heiligen Raum Deines Herzens. Spüre ganz bewusst und dankbar das Licht und die Liebe und genieße dieses wunderschöne Gefühl. Konzentriere Dich auf das Licht und die Liebe und schicke sie beim Ausatmen senkrecht nach unten tief in Mutter Erde hinein. Spüre, wie Dein Ausatmen, das die Liebe und das Licht Deines Herzens beinhaltet, durch Deinen Körper, Deine Füße in die Erde fließen. Verfolge diesen Atemstrom aus Licht und Liebe und schenke Dein Licht und Deine Liebe von Deinem Herzen an Mutter Erde. Das trägt enorm zum Heilungsprozess der Erde bei. Wenn Deine Ausatmung beendet ist, nimm mit dem Einatmen kraftvolle Erdenergie mit zu Dir in Dein Herz. Mutter Erde schenkt sie Dir gerne. Wenn Deine Einatmung beendet ist, lass die Erdenergie in Deinem Herzen verweilen, heiße sie willkommen. Beim nächsten Ausatmen nimm wieder das Licht und die Liebe aus Deinem Herzen mit in den Atemstrom und atme senkrecht nach oben in den „Himmel", in die geistige Welt. Spüre die Freude und die Energie, die Dich mit Deinem Geschenk im Atemstrom dort empfängt. Beim nächsten Einatmen nimm die göttliche

Energie mit all ihren Qualitäten und Facetten von „oben" in Dein Herz. Heiße diese kosmische, schöpferische Energie in Deinem Herzen willkommen und lass sie hier verweilen. Konzentriere Dich wieder auf das Licht und die Liebe in Deinem Herzen – nimm wahr, was sich verändert – und atme wieder mit dem Ausatmen nach unten in Mutter Erde und bringe ihr Dein Licht und Deine Liebe mit Deinem Atemstrom.

Falls Du zwischen den einzelnen Stationen ein bis zwei Atemzüge verweilen möchtest, so nimm Dir gerne die Zeit und mach einfach mit der Übung von da aus weiter, wo Du gerade bist. Es soll kein „Gehetze" mit der Atmung sein, sondern eine Übung, die Dir Frieden und Verbundenheit schenkt.

Mache diese Herzatmung mehrmals hintereinander und bemühe Dich, so oft am Tag wie möglich daran zu denken und bewusst wie gerade beschrieben zu atmen. So kann diese Herzensatmung bald eine neue positive Gewohnheit für Dich werden.

Nachdem Du ein paar Mal so geatmet hast, sei Dir bewusst, dass Du nun am wirkungsvollsten manifestieren kannst. Sei Dir Deines Herzenswunsches klar und deutlich bewusst, formuliere ihn im Herzen und schicke ihn mit der Kraft von Mutter Erde und Deiner Liebe in die geistige Welt. Dann lass los und sehe Dich in dem, was Du mit der Kraft der Liebe manifestiert hast. Sofern es zum Wohle aller ist und Deinem Seelenplan und Deiner Lebensaufgabe entspricht, wird es zum für Dich und die Aufgabe richtigen Zeitpunkt geschehen.

Wenn Du Dich vor der Übung mit Deiner Dualseele von Herz zu Herz verbindest, wird Deine Manifestation um ein vielfaches intensiver.
Probiere es einfach aus.....

Bedenke dabei bitte die Werte, die das neue Bewusstsein Dir schenkt und erschaffe Dir Deine Welt auf deren Basis. Sei dabei immer offen, was Deine Herzenswahrheiten sind und bleib Dir selbst treu.

Geliebtes Sein,

es ist die Freude am Sein,
die Deinen Weg erhellt und Dich führt.

Genieße sie voll Wertschätzung,
Liebe und Dankbarkeit.

Dein Erdenleben ist ein göttliches Geschenk –
es soll Dir Erfüllung, Schönheit und all die
kostbaren Erfahrungen schenken, die Du
machen möchtest.

Schöpfe aus der göttlichen Quelle,
Deinem wahren Sein.

Wähle weise, was das Leben Dir geben darf.

Alles, was Du aus der reinen bedingungslosen
Liebe schöpfst, für Dich erschaffst, wird Dir
Erfüllung bringen und Dein Leben bereichern.

Deine Liebe in Dir

Vorbereitung auf die neue Energie

Das neue Zeitalter mit dem neuen Bewusstsein bringt auch eine neue Energie mit sich. Diese Energie schwingt deutlich höher und intensiver als die alte Energie.

Die Dualseelenenergie, die tiefe Liebe, die Du für Deine Dualseele – egal ob inkarniert oder nicht – empfinden kannst, ist die Vorbereitung auf das All-Eins-Sein, auf das Erwachen in Dein wahres Sein. Denn im All-Eins-Sein herrscht diese tiefe unglaublich intensive Energie der Liebe, jenseits der Begrenzungen der „alten Zeit". Das neue Bewusstsein schenkt Euch allen den Himmel auf Erden und es gilt dann, dieses Geschenk dankbar anzunehmen und auch damit umgehen zu können. Viele befinden sich noch in der Vorbereitungsphase für das neue Bewusstsein. Es wird sich auch nicht für alle zur völlig gleichen Zeit ergeben, dass das eigene Erwachen stattfindet. Ein Rosenstock bekommt seine Knospen und diese öffnen sich in unterschiedlicher Geschwindigkeit, bis schließlich alle Knospen zu wunderschönen Blüten geworden sind und in ihrem wahren Sein erstrahlen. So ist es auch hier auf Erden. Die Menschen befinden sich in unterschiedlichen Entwicklungsstadien und werden sich nach und nach innerhalb eines gewissen Zeitrahmens an die neue Energie anschließen können.

Darum ist es so wertvoll, so oft wie möglich in einen Zustand der Verbundenheit z. B. mit seiner Dualseele, aber auch mit der Natur und mit allem was ist, zu gehen, damit die eigene Anhebung der Energie und das „Andocken" an die neue Energie leicht erfolgen kann.

Da Du diese Zeilen liest, gehörst Du sicher zu den Knospen am Rosenstock, die als eine der ersten zu blühen beginnen, oder bereits erblüht sind. Immer gibt es Vorreiter – Menschen, die in der Lage sind, ihren Mitmenschen die Hand zu reichen. Wenn der Aufstieg des Planeten geschehen ist, erlebt Ihr hier diese tiefe und für manche noch fast unerträgliche Liebe und Freude, die zu Tränen rühren kann. Es ist dann gerade in der Zeit unglaublich wichtig, dass es Lichtarbeiter gibt, dass es Menschen gibt, die sich in die neue Energie bereits eingeklinkt haben um ihren Mitmenschen zu helfen, mit dieser intensiven Form der Liebe und des Lichtes umzugehen und es dankbar anzunehmen.

Du bist gebraucht, geliebtes Erdenkind. Vertraue uns!

Auch wenn Du manchmal noch zweifeln solltest, wohin Dich Dein Weg führt, so bitten wir Dich, uns und Deinem Herzen zu vertrauen. Es wartet eine ganz wichtige und evtl. auch neue Aufgabe auf Dich, die sich zur richtigen Zeit zeigen wird. Bis dahin ist es das Wichtigste für Dich, dass Du Dich gut um Dich kümmerst, Dein jetziges Leben gut meisterst, in Deinem Frieden, Deiner Liebe lebst und für Ordnung in Dir und in Deinem Leben sorgst.

Nimm die tiefen Gefühle, die Du für Deine Dualseele empfindest dankbar an. Wenn Ihr beide sie ausleben könnt, wunderbar – macht das im Rahmen Eurer Möglichkeiten. Und wenn Ihr sie nicht ausleben könnt, dann bitte genießt diese tiefen Gefühle der Liebe und nährt jede Eurer Zellen damit. Es ist eine ganz besonders hoch schwingende Energie, die Euch den Aufstieg in die neue Dimension deutlich erleichtert. Und sei Dir gewiss, dass wir Dich hier heil und mit tiefem Vertrauen brauchen.

Erkenne Dich in der neuen Energie. Erkenne, dass es Dein wahres Sein ist. Und sei Dir gewiss, dass wir Dich führen und Du alles hast, was Du für Deinen Weg und Deine Aufgabe brauchst. Es ist alles da!

Die Energie der Dualseelen bringt Dich leichter in Dein neues Bewusstsein. Das bedeutet, dass es für Dich hilfreich ist, Dir der Verbindung mit Deiner Dualseele – egal ob inkarniert oder nicht – sehr bewusst zu sein. Darüber hinaus ist es so, dass die Menschen, die mit einer vereinten Dualseele Kontakt haben, automatisch ihre Energie erhöhen und ihr Licht strahlen lassen, weil das Feld der göttlichen Liebe aktiviert und erweitert werden darf. Dazu musst Du nichts tun, außer auf Dein Herz zu vertrauen. Es wird Dir zeigen und Dich klar und deutlich spüren lassen, was für Dich ganz persönlich richtig ist.

Erkennst Du, wie wichtig all die Übungen und Informationen sind, die wir Dir vermittelt haben? Indem Du Dich und Deine Entwicklung ernst nimmst und Dir das selbst täglich durch bewusstes liebevolles leben beweist, erhebst Du Dich selbst in die neue Dimension.

Mit bewusstem liebevollem Leben ist auch gemeint, Dir Zeit für Deine Entwicklung zu nehmen, Dir Zeit für Deine Übungen zu nehmen, Dir Zeit zu nehmen um in die Natur zu gehen, Dich mit allem was ist bewusst zu verbinden und Deine reine Liebe fließen zu lassen und trotzdem Deine weltlichen Aufgaben hier gerne und mit Freude zu erledigen.

Transformation der Ängste in Liebe, Freude und Ekstase

Viele lange Jahre hat in Eurem Bewusstsein die Frequenz der Angst und Ver-
zweiflung und des Schmerzes geschwungen. Bitte werte das nicht, denn das
waren die Erfahrungen, die Ihr hier auf Erden sammeln wolltet. Doch das neue
Bewusstsein ist davon frei. Darum gilt es jetzt für Dich, geliebtes Kind, tief in
Dir zu spüren, welche Ängste etc. noch da sind, damit Du sie in Liebe und
Ekstase verwandeln kannst. So bist Du bestens auf die neue Zeit, die neue Energie, das neue Bewusstsein vorbereitet. Wir haben Dir hier schon viele Gedanken gegeben, wie Du Deine Themen heilen kannst und Du hast sicherlich auch
Deine eigenen Methoden, mit denen Du bereits gute Erfahrungen auf Deinem
Weg gemacht hast. Egal wie – wichtig ist, dass Du so frei und rein wie möglich
bist, damit die tiefe Energie der Liebe, die das neue Bewusstsein mit sich bringt
in Dir und durch Dich möglichst ungehindert schwingen kann. Überfordere
Dich dabei bitte nicht, sondern sei sehr achtsam mit Dir.

Doch bitte schau auch hin, was noch in Dir ist, das erlöst werden möchte. Vielleicht hilft Dir folgendes Bild dabei: Stell Dir ein großes mehrstöckiges Gebäude
vor, das komplett aus Glas ist. Es ist Nacht und alles ist dunkel. Dann begin-
nen in den einzelnen Räumen nach und nach die Lichter anzugehen. Nun stell
Dir vor, dass Dein tiefstes Inneres und auch Dein Leben dieses Gebäude aus
Glas ist. Sobald das Licht angeht, kann jeder alles sehen, was darin stattfindet
und auch was darin so alles ist. Schau mal, was sich in Dir meldet, in welchen
„Räumen" das Licht auf keinen Fall angemacht werden dürfte, weil es da noch
Themen gibt, mit denen Du Dich nicht zeigen möchtest. Was siehst Du da?
Schau genau hin, und spüre genau hin:

- Gibt es an Dir noch Verhaltensweisen, die Du selbst verurteilst?
- Gibt es noch Ängste, die mit diesem Leben hier wirklich nichts mehr zu tun
  haben?
- Gibt es noch Ängste vor Verurteilung und Strafe, wenn Du Dich mit Deiner
  Wahrheit zeigst?
  (Die Zeit, wo Hexen am Scheiterhaufen verbrannt wurden, ist in diesem
  Leben definitiv vorbei.)
- Gibt es noch Gefühle der Trennung, des Alleineseins, der Wertlosigkeit etc.?
- Was verurteilst Du noch an anderen Menschen?
- Gibt es noch ein klärendes Gespräch zu führen, das schon längst überfällig
  ist?

Egal, was es ist, wir bitten Dich, dass Du damit in Deinen Frieden kommst. Du
brauchst diese Energien nicht mehr. Viel mehr noch – Du kannst diese Energien
transformieren in Liebe, Freude, Ekstase. Die Energie des neuen Bewusstseins
hilft Dir dabei. Nimm die Themen in Dein Herz und lass sie heilen, damit sie
eine neue Energieform annehmen können. Sie haben ihre Aufgabe gut gemacht
und auch erledigt. Ihre Zeit ist nun vorbei – sie möchten in Liebe ins Universum gehen dürfen. Erlaube es ihnen!

Wenn Du das alles erledigt hast, prüfe genau, ob Du das Licht im nächsten Raum anmachen kannst und jeder Dich auch so sehen darf. Du wirst spüren, dass Du mit der Kraft der Liebe in Deinem Herzen die Themen heilen kannst und als geheilt in Dir integrieren kannst, sofern Du das wirklich möchtest.

Das gilt auch für die Dualseelenpaare die ihren Beitrag hier leisten dürfen. Zeigt Euch mit Eurer inneren Wahrheit und schenkt Eure vereinte Energie der Liebe dem ganzen Universum. Die Liebe ist die größte Kraft; sie löst die Widerstände und verbindet was zusammen gehört. Ihr verwandelt nur durch Eure gelebte Liebe die kollektive Frequenz der Angst in Liebe, Vertrauen und Ekstase.

Was für einen unbeschreiblich wertvollen Beitrag darfst Du hier leisten. Bitte erkenne, wie wichtig Du mit Deinem reinen Herzen und Deiner Liebe bist.

Mein Herz ist erfüllt mit dem Licht der Liebe.

Es fühlt sich an, wie wenn die Sonne in meinem Herzen ist und hell und sanft aus mir heraus strahlt.

Ein Leuchten durchfließt mich, nährt und erhellt und heilt mich. Was für ein Segen!

Das Licht der Liebe mit all seinen Qualitäten fließt aus mir und schenkt allem um mich herum ein Leuchten aus dem eigenen Herzen.

Dieses aus dem Herzen kommende reine Christuslicht verbindet und vereint uns zu unserem ALL-EINS-SEIN.

Februar 2002

Seelenverschmelzung

Eine Vereinigung in Liebe ist ein göttlicher Akt, der die Seelen verschmelzen lässt.

Wenn das Ziel dieser Reise durch all die vielen Inkarnationen ist, dass wir alle wieder zurück zum All-Eins-Sein kommen, ist doch die wichtigste Erkenntnis zum einen, dass wir alle EINS sind und zum anderen, dass wir uns da Schritt für Schritt wieder hin entwickeln dürfen.

Das Gefühl des Alleineseins und der Trennung habt Ihr alle gut durchlebt und Eure Seelen durften diese Gefühle tief erfahren.

Die neue Zeit mit dem neuen Bewusstsein schenkt Dir die Energie, dass Du in dieses EINS-SEIN-Gefühl leichter kommen kannst. Wir haben schon viel über das Thema Selbstliebe gesprochen und Du weißt, dass Du über die Selbstliebe den direkten Zugang zu Deiner Seele bekommst. Du hast gelernt und erlebt, diese Liebe tief in Deinem Herzen zu spüren und sie auszudehnen. Durch die Liebe zu Dir selbst schaffst Du es, Dich vollständig und frei zu fühlen. Das ist nämlich auch die Voraussetzung, dass Deine Seelenverschmelzung mit Deiner Dualseele stattfinden darf. Darum sagten wir Dir auch immer und immer wieder, wie wichtig es ist, dass Du erst Deine eigenen Themen löst um mit Dir selbst in Reinheit, Frieden und Harmonie zu sein um Deine wahre Selbstliebe zu leben.

An der Stelle gilt es für Dich noch einen wichtigen Schritt bewusst zu gehen oder Dir darüber bewusst zu sein, dass Du ihn bereits gegangen bist: **Erlaube Deiner Seele mit Deinem physischen Körper zu verschmelzen.**

Du trägst alles in Dir! Du bist der Mikrokosmos im Makrokosmos! Du bist wahre göttliche Vollkommenheit! Kannst Du das annehmen und tief in Dir als Wahrheit empfinden? Darum ging es in all den Jahren, in denen Du so intensiv an Dir und Deiner Persönlichkeit gearbeitet hast, Dich so wunderbar weiterentwickelt hast, Deinen Weg so tapfer gegangen bist. Erkennst Du das – geliebtes göttliches Wesen?

Die bewusste Wahrnehmung, dass Deine Seele und Dein physischer Körper verschmelzen dürfen und dieser so wichtige Prozess bewusst geschehen durfte, gibt Dir nochmals ein tieferes Gefühl der Vollkommenheit und hebt jegliches Gefühl der Trennung auf. Es ist nur eine bewusste Entscheidung, die Du treffen darfst, um Deiner Seele zu erlauben, sich mit Deinem physischen Körper zu verschmelzen und es geschieht. Es genügt die Erlaubnis und die Ausrichtung Deiner Wahrnehmung auf die eigene Seelen-Körper-Verschmelzung.

Indem Du Dich vollkommen und „ganz" fühlst, schenkst Du diese Energie dem kollektiven Bewusstsein und hilfst damit allen Wesen sich an diese Wahrheit zu erinnern und sie immer mehr zu leben.

Wir haben Dir bereits in unserem ersten Buch gesagt, wie wichtig es ist, sich zu seiner Dualseele zu bekennen, denn damit bekennst Du Dich zu Deiner Ganzheit, dadurch öffnest Du Dich für Deine Vollkommenheit. Die Zeit, die Du mit dieser Energie verbracht hast, war und ist unglaublich wertvoll für Dich und hat Dich auf die große Seelenverschmelzung wunderbar vorbereitet. Die Vereinigung mit Deiner Dualseele – egal ob inkarniert oder nicht, ist die Vorstufe zur Seelenverschmelzung. Allerdings kann es durchaus sein, dass bei sehr reifen Seelen das zueinander bekennen, die Vereinigung und die Seelenverschmelzung wie die Musik von einem großen Orchester, zeitgleich stattfindet. Je nach Seelenwunsch kann das aber auch Schritt für Schritt erfolgen und führt zum völlig gleichen Ergebnis. Bitte werte das nicht – so wie es ist, ist es für Dich, für Euch richtig. Die tiefe Liebe zu Deiner Dualseele in Kombination mit Deiner eigenen Selbstliebe und Deiner eigenen Seelenverschmelzung hebt jegliches energetische Gefühl der Trennung zwischen Euch beiden auf. Nun dürfen Eure Seelen verschmelzen und zu einer Seele werden, was sie ja sowieso bereits sind, lediglich das Gefühl der Trennung verursachte diese energetische Barriere. Wenn möglich, dann lasst Eure wunderbaren Körper daran teilhaben und genießt diese unbeschreiblichen Gefühle, denn eine Vereinigung in Liebe ist ein göttlicher Akt, der die Seelen verschmelzen lässt.

Die Energie der neuen Zeit unterstützt diesen so wertvollen Prozess und schenkt Dir ein tiefes Gefühl des Angekommenseins.

Nun darf sich dieses Gefühl des Zusammengehörens, des ALL-EINS-SEINS ausdehnen. Stell Dir vor, dass Deine Seele, Dein wahres Sein mit allen Seelen um Dich herum verschmilzt. Mit den Seelen der Menschen, der Tiere, der Pflanzen, Steine, der Elfen und Feen, der Engel, Einhörnern, aufgestiegenen Meistern usw.

Es ist die Liebe, unser aller wahres Sein, und die Energie der neuen Zeit, die diesen Prozess ermöglichen. Erkenne geliebtes Kind auf Erden, welch wundervollen Beitrag Du mit Deiner Selbstliebe und Deinem Gefühl der eigenen Vollkommenheit hier uns allen schenken darfst. Selbst, wenn es so ist, dass Du mit Deiner Dualseele dieses Leben nicht oder noch nicht gemeinsam erlebst, so öffne Dich trotzdem der großen Seelenverschmelzung und vertraue, dass sie geschieht und alles genau so ist, wie es ist dem göttlichen Plan entspricht. Lass los von der Vorstellung, wie Dein Leben hier sein soll und begib Dich ganz in unsere liebevollen Hände. Mache das voll Vertrauen und mit dem tiefen Glauben:

„Es möge geschehen, was wir uns als Seele für dieses Leben vorgenommen haben. So sei es."

Geist Gottes

Ich trage den Geist Gottes in mir.
Er ist in mir und auch in Dir.
Es ist der Geist, der uns durchdringt und alles verbindet,
es ist der Funke Gottes, den jeder in sich findet.

Ja - diese Macht ist in mir.
Sie ist in mir und in Dir.
Sie ist in allem, was es gibt und in allem was besteht,
sie ist es, die uns zu göttlichen Wesen erhebt.

Göttlichkeit ist das wahre Wesen von mir.
Ja – das wahre Wesen von mir und von Dir.
Das ist die Wahrheit, die immer mehr erfahren
und als größtes Glück im Herzen bewahren.

Immer mehr bewahren diese Wahrheit, pflegen sie und strahlen sie aus.
Immer mehr kommen aus ihrem inneren Gefängnis heraus.
Immer mehr erkennen den göttlichen Geist in allem und auch in sich,
immer mehr sagen zu sich: ich liebe, wertschätze und erkenne mich.

Die Ewigkeit, Wahrheit und Liebe ist in mir.
Ja – sie ist in mir und in Dir.
Wir sind Bestandteil vom Höchsten was es überhaupt gibt
und jeder und alles ist unendlich geliebt.

Gisela Prölß, „Gedanken, die Herz und Seele berühren", www.gisela-proelss.de

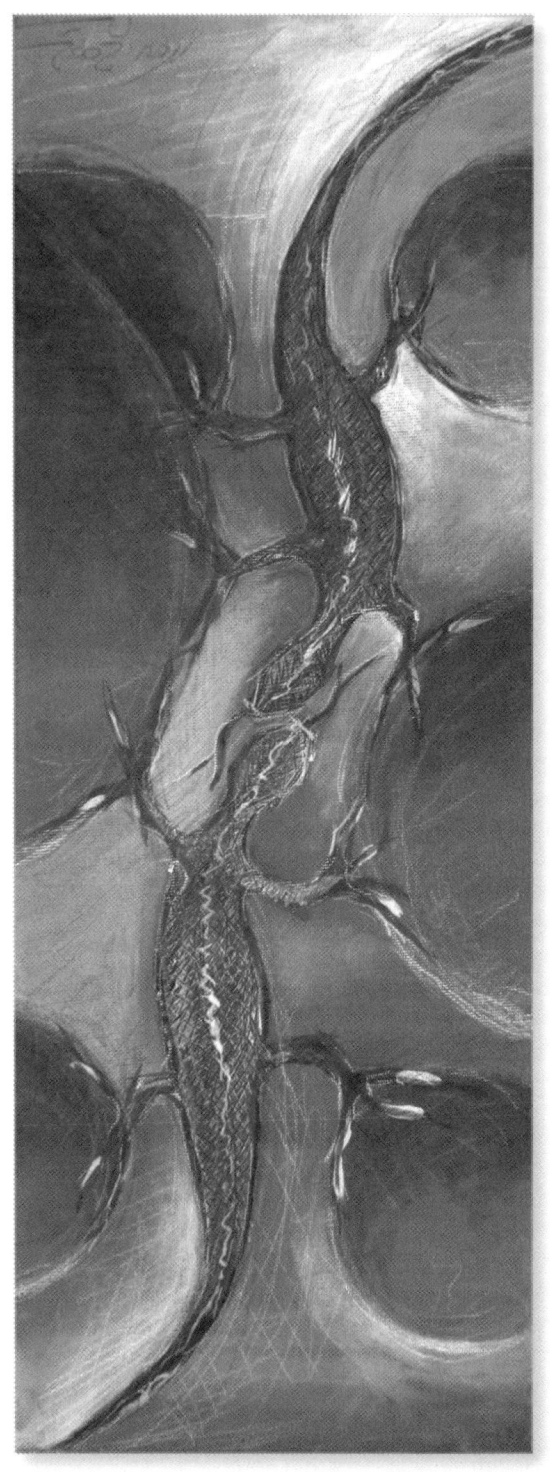

Der Weg

Egal wo wir stehen
und welchen Weg wir gehen,
wir sind zu allen Stunden
miteinander verbunden.

Jeder Weg ist kostbar,
jeder Weg ist einzigartig und wahr.
Manchmal ist ein Weg von Nebel umgeben,
doch auch hier begleitet uns sein Segen.
Es können Wolken über uns hinweg ziehen
und auch die können uns dienen.
Hinter den Wolken verstecken sich oft große Lektionen
und wir entwickeln dadurch neue Visionen
und steigen wie Phoenix aus der Asche empor
und gehen durch unser inneres Tor
in das weiter Leben mit neuen Gedanken
und überwinden unsere eigenen Schranken.

Wir bringen die Schranken
mit unseren Gedanken
zum Wanken
und haben dadurch viel Grund zu danken.

Wir können uns immer wieder für neue Wege entscheiden,
was gestern war, muss heute nicht bleiben.
Egal welchen Weg wir gehen,
wichtig ist es, immer die Liebe und das Herz zu sehen.

Wir können das Herz und die Liebe nach dem Weg fragen
und bekommen dann auch die Kraft, die Herausforderung zu wagen.

Jeder Weg ist einzigartig, doch keiner geht ihn allein,
wir sind begleitet und werden es immer sein.
Wir sind in all unseren Entscheidungen frei,
Hauptsache, wir haben das Herz und die Liebe dabei.

Denn das ist das wichtigste Gut, das wir haben
und hier finden wir auch die Antworten auf all unsere Fragen.
Jeder Weg ist einzigartig und kann zu etwas Besonderem werden,
es ist der Weg der Seelen auf Erden.

Gisela Prölß, „Gedanken, die Herz und Seele berühren", www.gisela-proelss.de

Herzensdank

Aus tiefstem Herzen danke ich meinen Engeln und geistigen Wesen, insbesondere Lady Nada und Sananda, für ihre Unterweisungen und für diese Texte. Mögen Sie Seelenheil und Klarheit bringen.

Ich danke all den lieben Leserinnen und Lesern, die mir mit jedem Buch, das gekauft wurde, bestätigt haben, dass es wichtig war, die Texte zu veröffentlichen. Insbesondere danke ich Ihnen – auch im Namen der geistigen Welt - für die vielen liebevollen und wertschätzenden Mails, die mir geschickt wurden.

Ein herzliches Dankeschön geht auch an die beiden Künstlerinnen, Barbara Novák und Jutta Lorenz, die völlig uneigennützig mit ihren wunderschönen Bildern dieses Buch bereichert haben. Ich wünsche Ihnen, dass Sie die Bilder auch so tief im Herzen berühren wie mich.

Ein ebenso herzliches Dankeschön geht an Gisela Prölß für die wertvollen Seelen-Gedichte, die dieses Buch so schön abrunden.

Ich danke all den guten Seelen die mir bei der Umsetzung und Produktion dieses Buches mit Rat und Tat und viel Geduld zur Seite standen.

Ich danke meiner Dualseele von Herzen für unsere tiefe und liebevolle Verbundenheit.

Ich danke meinen Freundinnen und Freunden und meinem Patenkind Christina für all die unzähligen liebevollen, wertvollen und lustigen gemeinsamen Augenblicke.

Mein Herzensdank gilt ganz besonders meinem lieben Mann und meiner Familie, die mir mit ihrer Liebe einen so wunderbaren Halt in diesem Leben geben und immer zu mir stehen und für mich da sind.

Gewidmet dem Licht und der reinen bedingungslosen Liebe in allen Wesen

Das Buch soll eine Hilfe sein, die Aufgabe der gemeinsamen Dualseelen-Energie zu erkennen indem wir bei uns selbst beginnen in unsere eigene Energie, in unser eigenes Sein zu kommen und daraus unseren Dualseelenpartner, unsere Zwillingsseele zu erkennen, sofern beide vereinbart haben, sich in diesem Leben zu treffen. Es soll auch Klarheit bringen, dass eine Partnerschaft nicht unbedingt nur mit der Zwillingsseele glücklich sein kann.

Es ist ein spiritueller Wegweiser, die geistigen Zusammenhänge und Gesetzmäßigkeiten leichter zu verstehen und in das eigene Leben zu integrieren. Es sind Texte, die Wahrheit und Klarheit bringen und unsere Seele liebevoll und tief berühren.

„Ein tief spirituelles Buch, dessen Einsichten und Anregungen das Leben erleichtern, verschönern und verbessern. Ein Buch, das einen aus dem oft anstrengenden Verstandesdenken in die uns eigene Intuition bringt. Das Herz erfühlt die Wahrheit hinter den Worten und lässt tiefen Frieden entstehen. Dieses Buch sollte jeder lesen, der Partnerschaft und Liebe aus einer ganz anderen Sicht erfahren möchte. Eine wahre Bereicherung." *Leserin F. S.*

Dualseelen und die Kostbarkeit ihrer Energie für das Jahr 2012
ISBN 978-3-00-028398-7
Preis: 14,50 EUR

Lusinia-Verlag
www.lusinia.de
Tel.: 0 94 08   85 99 35
Fax: 0 94 08   85 98 15

Lass Dein Licht hell scheinen und bringe Deine Liebe in die Welt.

Ein wunderschönes Hörbuch bestehend aus 3 CD's mit gesprochenen und gesungenen Herzensbotschaften. Nach jedem Track hören Sie einen mit sanfter Musik unterlegten heilbringenden Text, den Sie wunderbar als kleine Meditation nutzen können.

Mögen Sie die Texte, die Melodien und Lieder im Herzen berühren und Ihnen wertvolle Erkenntnisse sowie schöne Gedanken schenken.

Hörbuch:
Dualseelen und die Kostbarkeit ihrer Energie für das Jahr 2012
ISBN 978-3-00-034166-3
Preis: 24,50 EUR

Lusinia-Verlag
www.lusinia.de
Tel.: 0 94 08   85 99 35
Fax: 0 94 08   85 98 15

An einem zauberhaften Kraftort wird in einer wunderschönen alten Klosterruine ein Bewusstseinszentrum mit Seminarräumen und idyllischen Gästehäuschen entstehen.

Wenn Sie Interesse haben dort ab ca. 2013 Seminare zu besuchen bzw. Seminare zu halten, dann teilen Sie uns gerne Ihr Interesse unter folgender Mailadresse mit:

info@bewusstseinszentrum.eu

Dann halten wir Sie gerne auf dem Laufenden.
Wir freuen uns über Ihre Nachricht.

Herzlichst,

Natalie Auburger und Felicitas Sauer

Abbildungsverzeichnis

Seite 8:
Jutta Lorenz: „Seelenengel", 2011, Textilfarben auf Baumwolle, ca. 30 x 55 cm

Seite 14:
Barbara Novák: „Eristan's Ankunft – Ich bin gekommen um dich zu erhellen."
2010, Acryl/Mischtechnik auf Leinwand, 60 x 50 cm

Seite 28:
Barbara Novák: „Drachenherz – Strecke deine Wurzeln tief ins Innere der
Erde und du triffst auf unerschöpfliche Energie", 2011, Acryl/Mischtechnik auf
Leinwand, Ø 40 cm

Seite 36:
Barbara Novák: „Glorum Gold – Besinne dich deiner Göttlichkeit und stehe
zu deiner Kraft und deinen Fähigkeiten", 2010, Acryl/Mischtechnik auf Leinwand, 40 x 50 cm

Seite 42:
Jutta Lorenz: „Angel Love – Zur Vollendung gelangen wir nur durch die Liebe",
2011, Acryl auf Leinwand, 30 x 90 cm

Seite 46:
Barbara Novák: „Leuchte! – Bring all' dein Licht hervor und du wirst genesen
und für Genesung sorgen", 2011, Acryl/Mischtechnik auf Leinwand, 60 x 60 cm

Seite 58:
Jutta Lorenz: „Annabelle – Manchmal sind Engel nur einen Flügelschlag von
dir entfernt", 2011, Acryl auf Leinwand, 40 x 50 cm

Seite 64:
Jutta Lorenz: „Engel der Freude – Durchstrahle mein Bewusstsein mit deinem göttlichen Licht", 2011, Acryl auf Leinwand, 30 x 60 cm

Seite 88:
Barbara Novák: „Einhorn Königin – Ich weite dein Herz für das kommende Licht", 2011, Acryl/Mischtechnik auf Leinwand, 50 x 40 cm

Seite 94:
Barbara Novák: „Meerjungfrauen II – Duale Harmonie", 2002, Tusche/Buntstift auf Papier, 20 x 18 cm

Seite 97:
Jutta Lorenz: „Engel der Heilung – Erfülle und umhülle mich", 2011, Acryl auf Leinwand, 40 x 50 cm

Seite 98:
Jutta Lorenz: „Engel des Lichts – Mögen dir die Flügel eines Engels wachsen", 2011, Acryl auf Leinwand, 30 x 60 cm

Seite 102:
Jutta Lorenz: „Seelenbild Roberto – Erlaube dir Wunder", 2008, Acryl auf Leinwand, 100 x 100 cm

Seite 100:
Barbara Novák: „Die Wandlung – Bereite dich auf deine Häutung und Wandlung vor", 2002, Acryl/Mischtechnik auf Leinwand, 20 x 50 cm

---

Barbara Novák
Regensburg
www.gauki.de
Tel.: 0941 990138

Jutta Lorenz
Nittenau
www.juttalorenz.de
Tel.: 09436 8711